돌보다,
고치다,
지키다

돌보다, 고치다, 지키다

희정 글 | 김희지 사진

학교를 지탱하는 노동의 흔적

북트리거

들어가며

배우다, 가르치다, 일하다

"학교에 왜 가야 하나요?"

학교 가기 싫은 어린이의 투정에 머무는 질문이 아니다. 누구든 한 번은 품어 본 의문이다. 학교에서 배우는 일이 무의미하게 여겨질 때가 있다. 학교를 떠난 후에도 이 질문은 떠나지 않는다. 교사로, 학부모로, 직업인으로, 우리는 저마다의 자리에서 학교를 다시 만난다. 학교를 온전히 떠날 수 있는 사람은 없기에 물음은 계속된다.

배우다

이때 '배우기 위해'는 충분한 답이 되지 않는다. '배우다/가르치다'라는 행위에는 '무엇을, 누가, 어떻게, 왜?' 라는 질문이 따라온다. 어디서, 언제, 얼마만큼…. 이 모든 것이 결정되어야 한다. 무언가를 담고자 한다면 그릇이 필요한 법이다. 배움을 담을 그릇의 재질과 형태, 크기를 정하고, 그것을 실제로 빚어내야 한다.

우리가 학교의 존재 이유를 묻고자 한다면, 학교라는 그릇의 모양새를 보아야 한다. 그러나 모양새를 판별하는 일은 어렵다. 한때 학생이었던 우리는 저마다 바라는 학교의 모습이 있지만, 앞서 말했듯 그릇은 실제 빚어야 하는 것이라 바라는 모양을 말하는 것으로 그칠 수 없다. 그러니 학교의 역할과 존재 이유를 묻는 일은 어렵기만 하다.

그 모양새가 어떠하든 나는 학교가 금이 간 옹기그릇 같다는 생각을 한다. 얇고 가는 금들이 촘촘히 얽혀 있어, 그 사이로 자꾸만 물이 새어 나간다. 아무리 물을 담아도 성에 찰 만큼 목을 축일 수 없다. 정책을 마련하고 직군과 기능을 추가해도, 그릇의 모양을 바꾸건 크기를 달리하건, 갈라진 틈 사이로 배움이 빠져나가기 마련이다.

여러 갈래로 난 실금을 어떻게 메울 것인지, 나는 해법을 알지 못한다. 깨지기 쉬운 옹기가 지금껏 모양을 유지하고 있는 것은 내가 모르는 이들의 노고 덕이라는 걸 생각하면 함부로 말할 수도 없다. 다만 금이 가 갈라진 틈에서 '일하다'라는 말을 꺼내 본다. 학교라는 곳이 빚어 만드는 공간이기 때문이다.

배움의 공간이라는 학교는 골조를 올리고 기둥을 세우고 창틀을 끼운 실제의 건축물이다. 건물이 세워진 후에는 칠하고 닦고 관리하는 사람이 필요하다. 그 안에서 재화와 서비스를 제공하고 계획을 세우고 살림을 꾸려야 한다. 배우고 가르치는 일 또한 그릇의 형태를 정하고 내용물을 결정하는 숱한 기획과 계획, 분담과 협력, 수행과 실행이 있어야 가능하다. '배우다'라는 말은 '일하다'라는 말을 필요로 한다. 학교에는 일하는 사람들이 있다.

일하다

학교에는 두 종류의 식당이 있다. 학생 식당과 교직원 식당. 이 분류가 당연하던 시절이 있었다. 그때의 나는 그 명칭이 '교사 식당'이더라도 이상하게 여기지 않았을 것이다. 졸업하고 한참이 지나 이런 의문이 들었다.

'학생도 교직원도 아닌 사람들은 어디서 밥을 먹지?'

학생도 교직원도 아닌 사람들이 학교에 있다는 사실을 자각한 후였다. 교직원이 아니어도 교직원 식당에서 밥을 먹는 사람들이 있었다. 교무실무사, 돌봄전담사, 당직전담원, 방과후학교 강사, 미화원, 사서, 시설관리원, 영양사, 조리사, 통학

차량 실무사, 특기적성 강사…. 이들은 교육공무직[2]이나 비정규 강사로, 그 직종만 80여 개라고 했다. 매일 학교에 가지만, 학생도 교사도 아닌 사람들이다.

모두가 식당에서 밥을 먹는 것이 아니었다. 민원 전화를 받기 위해 교무실에서 점심을 먹고, 자신이 돌보는 학생의 식사를 지원하기 위해 학급에서 밥을 먹고, 식당을 지척에 두고서도 급식실 탁자에서 밥을 먹는 이들도 있었다. 근무시간이 짧아 학교 식당 위치조차 모르는 이들도 있었다. 역할도 업무도 저마다 달랐다. 학교로 가 그 일에 대해 들었다.

가르치다

이들에게 학교는 일터이다. 이들은 교사도 학생도 아니다. 그럼에도 자신이 학교에 있다는 사실을 잊지 않았다. 학교가 무엇을 배우고 가르치는 공간인지 생각했다. 학교가 제 역할을 하는 데 자신의 노동이 어떤 보탬이 되고 있는지를 돌아봤다. 그건 "학교에 왜 가야 하나요?"라는 질문의 답이기도

---

[2] 교육 관청(교육부, 교육청, 각급 학교)에서 일하는 사람 가운데 교사와 공무원이 아닌 자를 칭한다. 각 지역교육청에서 제정한 조례에 명시된 교육 노동자를 뜻하기도 한다.

했다. 세상은 이 질문을 '가르치는' 사람들에게만 건넨다. 학교에서 가르치는 자만이 답할 자격이 있다는 듯이. 그러나 이들은 세상으로부터 건네받은 적 없는 질문의 답을 일터에서 찾아갔다.

아무래도 학교라는 일터가 배우고 가르치는 공간이기 때문일 테다. 학생들 곁에 있다 보니 배우는 일을 자주 접한다. 그들도 학생일 때가 있었다. 그때 자신이 배운 것과 배우지 못한 것을 떠올리다 보면, 지금의 학생들이 배운 것과 배우지 못한 것이 눈에 들어오기 마련이다. 그러다 보면 학생들에게 배우고 있는 자신을 깨닫게 된다. 어느덧 그들의 일터는 학교가 된다.

학생들이 학교가 누군가의 일터라는 사실을 자각하면 어떤 일이 일어날까. 그들이 하는 일을 알고, '고마운' 노고를 깨달으라는 말이 아니다. 학교에서 교과 과목만 배우는 학생은 없다. 교실 안에서 우리는 학교가 놓인 세상에 대해 배웠다. 학교가 단순히 교실의 집합이 아니듯, 배움도 교실에서만 일어나지 않는다. 교실 밖에도 세상이 있다. 학교가 어떤 이들의 노동과 협업으로 유지되는지를 안다는 것, 그건 곧 학교를 배우는 일이다. 학교가 어떤 공간인지, 학교의 구성원들과 어떤 관계를 맺어야 하는지. 자신과 학교의 관계를 정립하는 단초가 될 것이라 믿는다.

들어가며

학교에서 일합니다

학교는 노동을 필요로 한다. 돌보는 일, 고치는 일, 끼니를 챙기는 일, 지키는 일…. 그리고 가르치는 일이 있다. 학교에서 일하는 사람이라면 '선생님'을 빼놓을 수 없다. 학교 구성원 중 교사가 절반을 차지한다(기간제 교사를 포함한 비율이다). 교사는 노동자가 아니라는 목소리가 힘을 가진 세상이기는 해도 가르치는 일은 분명 노동이다. 다만 이 책에서는 수학이나 영어 등 특정 교과를 담당하는 교사가 아닌, 조금은 다른 교사들을 만난다. 학교에 학생과 교사만 있다고 착각하는 것처럼 우리는 교과서만이 배움의 전부라고 여기는 시선에서 자유롭지 않다. 교과서 없이 학생들을 만나는 선생님들의 이야기를 담고 싶었다.

학교에는 교사를 포함해 100여 개의 직종이 있다고 한다. 이 중 13개 직업의 종사자를 만났다.

"학교에서 어떤 일을 하세요?"

배움은 교실에 머무는 것이 아니기에, 이들이 들려준 이야기로 학교와 학교가 놓인 세상을 배우려 한다.

2025년 9월

희정

목차

들어가며_배우다, 가르치다, 일하다   **4**

1부. 선생님도 선생님이에요?

① 누구든 무엇이든 물어보세요 _정태영 사서교사   **14**
② 돌봄이라는 이름의 수업 _최은희 돌봄전담사   **36**
③ 식단표가 식판에 담기기까지 _이희원 영양사   **58**
④ 학교가 끝나고 난 뒤 _김누리 방과후수업 강사   **80**
⑤ 우리 그린 히어로, 선생님 _이향자 보건교사   **100**

선생님도 선생님이에요?   **120**

2부. 학교, 어디에서 일하세요?

⑥ 성실로 타인을 지키는 사람 _이덕영 학교보안관   **128**
⑦ 쉬워 보인다면 잘하고 있는 겁니다 _양윤숙 교무실무사   **146**
⑧ K-급식의 동상이몽 _박화자 조리실무사   **168**
⑨ 저절로 고쳐지는 건 없다 _정훈록 시설기동보수반 기사   **188**

학교, 어디에서 일하세요?   **206**

3부. 좋은 일 하시네요

⑩ 한 사람이 되어 줄게 _이성은 학교사회복지사   **214**
⑪ 아이들은 믿지 않은 색이다 _정성희 미술치료사   **234**
⑫ 도전하는 일을 23년째 _김미연 특수교사   **252**
⑬ 서로 도움을 주고받는 연습 _나현진 특수교육실무사   **272**

좋은 일 하시네요 **288**

촬영 후기_셔터를 누르며 되살아난 마음들   **295**

일러두기

1. 본문에 인용한 법령·조례·시행령의 일부 문장은 독자의 이해를 돕기 위해 일부 구문을 생략하였다.
2. 본문 68페이지 사진은 연합뉴스에서 구매하였다. 그 밖의 사진은 모두 사진작가가 촬영하였다.

1부.

선생님도 선생님이에요?

① 누구든 무엇이든 물어보세요

사서교사
정태영

스스로를 고정관념에서 자유로운
사람이라 여겼는데, 교문 앞에서 손을 흔드는
사람을 보며 물음표를 꺼내는 나를 깨닫는다.
사서교사라고 하지 않았나? 사서라면
셔츠 위에 스웨터를 겹쳐 입고 금테 안경 정도는
썼으리라 생각한 걸까.
그랬나 보다.
손에 두꺼운 책도 한 권 들어야지.
하지만 내 눈앞에는 멜빵바지를 입고
투 블록 커트 머리를 한 사람이 서 있다.
정태영. 5년 차 사서교사다.

학교도서관의 진흥을 통하여 공교육을 내실화하고 지역사회의
평생교육 발달에 이바지함을 목적으로 한다.

— 「학교도서관법」 제1조

나쁜 도서관은 장서를 만들고

"도서관이 작아요."

사진작가와 나를 앞세워 도서관으로 향하며 정태영은 은근한 걱정을 한다. 하지만 막상 나무 문을 밀고 들어간 공간은 감탄을 자아낸다.

"너무 예쁜데요?"

오래전 내가 졸업한 학교의 도서관은 무채색에 가까웠다. 책 읽는 공간이라기보다는 학생들의 자습실로 쓰였다. 그러나 내 눈앞에 펼쳐진 도서관은 알록달록한 키 낮은 소파와 그에 맞춰 배치된 서가를 갖추고 있다. 잘 정돈된 공간에 밝은 색감이 더해져 아늑하다. 어쩐지 그의 귀여운 멜빵바지와 어울리는 도서관이다.

"예쁘다고 해 주시니 좋네요. 내 자식 안 예쁘다고 말로는 그래도, 사실 속으론 예쁘다고 생각하잖아요. 저한텐 도서관

이 그렇거든요."

자식 같은 도서관이라니. 정태영의 손이 닿지 않은 곳이 없다. 그가 처음 이 고등학교로 왔을 때만 하더라도 도서관은 지금의 모습이 아니었다.

"여기 와서 책만 1만 8,000권을 버렸어요."

첫 발령지였다. 사서교사로 처음 만난 학교 도서관이었지만, 그를 기다리는 건 먼지 쌓인 수만 권의 도서였다. 도서관에는 오랫동안 사서가 없었다. 사서가 없으니 도서관을 찾는 학생도 없었다.

"교장 선생님이 교육청에 사서교사를 강력하게 요청해서 제가 이 학교로 발령받은 거라고 하더라고요. 도서관을 제대로 운영하고, 독서 프로그램도 내실 있게 갖추고 싶다는 학교의 바람이 컸어요."

오랜만에 학교에 온 사서교사를 모두가 환영했지만, 정작 정태영은 막막했다. 그의 표현을 빌리자면 그때의 도서관은 미개척지 같았다. 씨앗 하나 들어가 싹 틔울 자리 없이 책들로 빼곡했다.

"1982년에 개교한 학교예요. 학교가 세워진 뒤 책이 채워지기만 하고 버려진 적은 없는 거죠. 저보다도 나이가 많은 책들이더라고요. 한글이랑 한자가 섞여 있고, 뒷면을 보면 바코드가 아니라 도서 대출 종이 카드가 있는 그런 책들."

3만여 권의 책을 추리고 분류했다. 버릴 책을 교실 밖에 내놓았더니 복도를 지나다닐 수 없는 지경이 되었다. 도서관 내부를 대대적으로 리모델링 하여, 지금의 모습을 갖췄다.

"놀러 오듯 와서 여기 소파에 누웠다 가도 돼요."

자신도 연두색 소파에 양반다리를 하고 앉아 카메라 앞에서 포즈를 취한다. 그 뒤편 책장에 그가 엄선했다는 '사서 선생님이 읽은 만화책' 코너가 보인다. 옆에는 고양이들이 표지를 장식한 잡지도 놓여 있다. 한 명이라도 더 도서관에 오게 하려는 노력이 엿보인다. 덕분에 찾아오는 학생들이 제법 늘었다. 점심시간이면 하나둘 모여들어 도서관이 시끌벅적하다. 여기서는 조용히 할 이유도, 책을 읽을 필요도 없다. 그는 학생들이 애용한다는 '셀카 존'으로 우리를 안내한다. 책등 색이 유달리 예쁘게 배열된 책장이다. 서가를 배경으로 찍는 사진이라니. 아무래도 책보다는 영상이, 도서관보다는 핸드폰 속 세상이 더 가까운 요즘 학생들이다. 이 간극을 좁히는 것이 그의 일이다.

"이 공간이 아이들에게 편했으면 좋겠어요."

이쯤에서 준비해 간 질문을 꺼내 든다. 사서교사라면 수십 번은 받았을 질문이다.

"사서 선생님이 꿈이었나요?"

좋은 도서관은 서비스를 만들고

"중학생 때부터 꿈이었어요. 그때 사회 선생님이 새로 도서관 담당이 되신 거예요. 도서반을 만들어서 우리더러 들어오라고 하더라고요. 자꾸 권하니까 '한번 해 보자' 하고 갔어요. 책 읽고 토론하고 이런 경험이 처음이었는데, 그러면서 '도서관은 되게 좋은 공간이구나.' 하는 생각이 들더라고요."

그가 다니던 학교는 주변이 온통 논밭이었다. 볼만한 것도 놀 만한 것도 없었다. 술과 담배로 소소한 일탈을 하며 시간을 보내던 친구들 사이에서도 그는 큰 재미를 못 느꼈다. 그러던 그가 도서관을 출입하면서 즐거움을 발견했다.

"도서반을 하면서 다른 꿈을 꿀 수 있다는 걸 알게 됐어요. 원래도 책을 좋아하긴 했지만, 그전까진 나의 길을 찾기 위해 책을 읽는다기보다는 여가용으로, 시간을 때운다는 느낌으로 읽었어요. 그런데 도서관이라는 공간이 좋아지고 이 공간에서 삶을 꾸려 나가는 게 기뻐지면서 책을 읽는 방식도 달라졌죠."

책에서 미래를 찾는 일이 익숙해질 즈음, 사서교사라는 직업이 있다는 이야기를 들었다. 그렇게 꿈이 생겼다.

도서관이 이토록 정답게 꾸며진 이유를 어렴풋이 알 것 같았다. 선생님의 권유로 얼떨결에 도서반에 합류했던 학생이 10년 뒤 직접 도서반을 만들고, 그때의 자신처럼 독서의 즐거움을 알아 갈 사람들을 모은다.

"학생들이 도서관을 찾도록 이런저런 행사를 많이 하거든요. 도서반 학생들은 그 행사를 같이 기획하고, 진행을 돕는 역할을 해요. 또 도서관 당번이 있어요. 그 친구들은 다른 학생들이 왔을 때 책을 찾아 주기도 하고 추천도 하고 그래요."

작년까지 도서반원들은 '무엇이든 물어보세요'라는 문구가 적힌 조끼를 입고 활동했다고 한다. 이때의 '무엇'은 단지 찾고 있는 책이 어디 있느냐는 질문에 그치지 않는다. 그에게 도서관은 말 그대로 무엇이건 물을 수 있는 공간이다. 학창 시절로 돌아가 도서관 사서 선생님과 만나게 된다면 무엇을 물어야 할지 떠올리느라 대화가 잠시 멈춘다.

"사서를 언제든 이용할 수 있는 정보 자원이라고 생각해 주면 좋겠어요."

사서라는 인물 그 자체가 정보 자원이라니. 생소한 이야기다. 정태영의 설명이 이어진다. 도서관은 신뢰할 만한 정보로 채워져야 하는 공간이고, 그런 공간을 만드는 것이 사서의 역할이다. 이를 위해 예비 사서들은 문헌정보학 수업에서 서지학은 물론 정보문화사, 정보자료조직론, 기록관리학 등을 두루 배운다. 믿을 만한 정보와 그렇지 않은 정보를 선별하고 정보의 흐름을 파악하는 법을 익혔다.

"사서라면 누구나 책, 기사, 인터넷 검색 정보 등을 종합하고 추려서 신뢰할 만한 정보를 제공해 줄 수 있는 능력이 있다고 생각해요."

정보의 흐름을 꿰고 있는 사서야말로 무엇보다 중요한 정보 자원이다. 정태영은 사서인 자신을 도서관에 잘 배치해 둔다.

"삶을 꾸려 나간다는 건 배우는 일인데, 인터넷 검색만으로는 해결이 안 되고 막막해질 때가 있잖아요. 뭔가를 배우고자 하거나 인생에 있어 알고자 하는 부분이 생길 때, 그럴 때 찾아와 물어보면 그에 대한 균형 잡힌 의견을 줄 수 있는 사람이 저라고 생각해요."

누구든 자신에게 다가와 물어볼 수 있도록 스스로가 편한 사람이 되고자 한다.

"제가 하도 '뭐든 물어보라'고 홍보해서 그런가, 요즘은 엄청나게 물어봐요. 가벼운 고민부터 무거운 상담까지. 학생들이 저를 편하게 찾을 수 있는 사람으로 인식하는 게 제 자부심이기도 해요."

도서관 사서 업무를 서가 정돈과 책에 바코드를 붙이는 일 정도로 여기는 사람들도 있다.

"동료 선생님들도 사서가 도서관에 있을 땐 책을 보거나 한가롭게 있다고 생각하곤 해요. '나도 여기 와서 책이나 읽었으면 좋겠다.'라고들 하시죠."

하지만 안타깝게도 사서 업무 분장에는 '독서'가 없다. 사람들이 흔히 생각하는 사서의 일은 수서(收書, 책을 구하고 분류하는 일)와 도서 배열인데, 이마저 책장에 새 책을 꽂아 넣는 단순한 일이 아니다.

"사서는 아마도 세상에서 서평을 가장 많이 읽는 사람일 걸요?"

우리나라에서 1년에 출간되는 신간은 대략 6만 종 정도다. 매달 5,000종의 책이 나오는 셈이다. 세상에 나온 모든 책을 도서관에 들일 수는 없다. 지금 학생들에게 필요한 책을 찾는다. 도서관 사서는 책을 읽고 소개 글을 살피고, 다른 사람들이 쓴 서평을 찾아본다. 한가롭게 책이나 보는 직업이라는 세간의 편견과 다르게, 책 하나를 선정하는 데도 꼼꼼한 자료 조사가 필요하다.

"우선적으로 보는 건, 교육 목적 달성에 도움이 되는 책인지예요. 그렇다면 앞서 알아야 하는 건 주 이용자들의 욕구와 정서죠. 학교가 설정한 교육 목적만이 아니라 학생 개개인이 지닌 상황과 목표를 보는 거예요."

그러니 사서는 많이 읽는 사람에 그치지 않고, 많이 묻는 사람이 되어야 한다.

"예를 들어 평전이나 전기(傳記) 책이 있다고 해 볼게요. 그

책을 같은 장르인 전기 도서를 모아 놓은 곳에 배치할 수도 있고, 각 인물의 특성에 맞춰 주제별로 펼쳐 둘 수도 있거든요. 넬슨 만델라 평전을 전기 도서로 분류할 건지, '인종차별' 주제 서가에 배치할 것인지를 결정하는 건 사서의 몫이에요. '도서관을 이용하는 학생들이 어떤 용도로 이 책을 찾을 것인가'를 고려해서 결정하죠. 그런 판단의 근거를 알려고 책을 빌려 간 아이들에게 물어보기도 해요.'"

선별된 정보는 이용자의 접근성과 관심사를 고려하여 배치한다. '이 책 어땠어? 재밌었니?' 단지 친해지려고 던지는 질문은 아니다.

"사서는 도서관을 이용하는 사람들이 어떤 욕구를 갖고 있는지 끊임없이 파악해야 해요."

그제야 그의 책상 뒤쪽에 놓인 사탕 바구니가 눈에 띈다. 스스럼없이 답해 준 학생들을 위한 것이다. 앞에서는 친근하게 말을 걸고 간식도 챙겨 주는 선생님이지만 학생이 돌아가면 상담 내용을 꼼꼼히 기록하고 정리한다. 짧은 도서 상담이 끝난 게다. 십 분짜리 쉬는 시간이 이렇게나 중요하다.

"그래서 사서교사는 4교시 수업을 못 해요."

점심시간에 학생들을 만나야 하니까, 남들보다 이르게 점심을 챙겨 먹고 도서관에 와서 학생들을 기다린다. 그런데 사서교사도 수업을 한다고?

최고의 도서관은 공동체를 구성한다[2]

도서관 운영 계획 제출 및 예산 편성, 장서 점검, 학기별·월별 도서관 행사, 독서 프로그램 및 도서반 운영, 권장 도서 목록 선정, 학내외 연수 준비 등. 이 모든 것이 사서의 업무이다. 그리고 사서교사는 수업을 한다.[3] 도서관 이용법을 가르치고 독서 지도도 한다. 교과 과목에 들어가는 수업이 아니다 보니 "선생님도 선생님이에요?"라는 질문도 받지만, 그는 교과과정의 경계를 넘나든다. 다른 교과 교사들과의 협력 수업도 그중 하나.

수업에 필요한 참고 도서를 정하고, 그 도서를 활용한 수업 계획을 짜는 일을 해당 교과 선생님과 함께한다. 가르쳐 온 학생들에 대한 이해는 담임이나 담당 교사가 더 높겠지만, 서적 등 자료에 관한 영역은 사서교사가 전문성을 지녔다. 서로의 전문성을 결합해야 할 때가 있다. 정태영은 등 뒤에 진열된 칼 세이건의 책 『코스모스』 수십 권을 가리킨다.

"'생활과 과학'이라는 수업이 있어요. 그 수업 시간에 저

---

[2] 미국 텍사스대학교 문헌정보학과 교수 데이비드 랭크스는 "나쁜 도서관은 장서를 만들고, 좋은 도서관은 서비스를 계획하고, 최고의 도서관은 공동체를 구성한다."라고 말했다. 이 장의 소제목은 여기서 따왔다.

[3] 법률로 정한 사서·상담·영양교사의 연 수업 시수는 없다. 교육청은 '학교 교육 여건에 적합한 범위에서 교육 과정에 반영'이라며 학교의 재량에 맡겨 두고 있다.

책을 함께 완독하는 거예요."

우주의 탄생을 담은 이 대중 과학서를 과학 시간에 읽는다. 『코스모스』를 수업 내용에 넣기를 제안한 건 사서교사인 그이다. 때론 도서관이 교실이 되기도 한다.

"이번 학기에는 진로 수업이 있거든요. 1학년들은 도서관에서 수업해요."

서가에 꽂힌 모든 책이 수업 자료가 된다. 정태영은 학생들이 책에서 얻은 정보를 종합해 저마다의 꿈을 탐색하도록 이끈다.

"작년에 전통 가옥 건축으로 진로를 정한 학생이 있어요. 원래는 건축에 관심이 있는 정도였는데, 진로 탐방 프로젝트 수업을 하면서 추천해 준 책을 통해 한옥 건축을 알게 되고. 관련한 책이랑 정보를 같이 찾아보면서 한옥의 매력에 빠지고. 전통문화를 전문적으로 배우는 대학이 있다는 사실을 알게 되고. 그렇게 전통 가옥 건축을 배우는 학생이 생겼어요. 한 권의 책이 인생을 바꾼 거죠."

그가 도서관에서 '사서교사'로 꿈을 찾았듯, 도서관에서 자신의 미래를 그리는 학생을 만났다. 그런 만남을 꿈꿨다. 바람을 이뤘으나 여전히 고민이 많다.

"학생들이 어떤 책을 읽고 싶어 하나, 이 문제는 아무리 고민해도 입시 수업과 연관이 되거든요. 안타깝죠."

입시 위주의 교육 환경에서 도서관만 순수하게 책을 읽는 공간일 수는 없다. 이용자의 층위와 욕구를 단지 교과 과목이나 입시에 묶어 두지 않으려 애써 보지만 한계에 부딪히기 일쑤다.

"그럼에도 도서관을 삶에 조금 더 가깝게 설계하고 싶어요."

삶에 가깝게 도서관을 설계한다는 것은 어떤 의미일까. 물음에 대한 답은 서가 한쪽을 채운 '평등 도서'들이 대신하고 있다. 선생님들도 도서관에 들러 빌려 가는 책들이지만, 일부 지역에선 '공공도서관 서가 퇴출'을 요구받고 있다. 성평등이나 성교육에 관한 내용을 담아 아동과 청소년에게 유해한 도서라는 주장이다.[4]

"그런 이야기가 자꾸 나오니까 사서들이 자기 검열을 하게 되는 것 같아요."

이 책을 학교에 들이면 항의를 받게 될까? 구매 목록을 짜는 데도 두어 번 생각하게 된다. 그럴수록 그는 움츠러들지 않으려고 마음을 다잡는다.

---

4 "보수 성향 학부모 단체들이 충남 일대 공공도서관에 성교육·성평등을 주제로 한 어린이책 등을 "폐기처분해 달라"는 민원을 전방위로 제기해 논란이 일고 있다. 집요한 민원 제기에 몇몇 도서관은 해당 도서들을 서가에서 제외하는 조치를 취했다." (「"성교육 책 빼라고!"…학부모 단체 집요한 민원·도지사 맞장구에 '백기' 든 도서관」, 전지현 기자, 《경향신문》, 2023. 7. 26.)

"도서관은 원래 평등한 곳이니까요."

평등이요? 내 쪽에서 되묻는다.

"공공도서관은 태동부터 평등을 원칙으로 발명된 공간이에요. 역사를 보면, 신분제 사회에선 도서관이 왕궁이나 수도원에 있잖아요. 책을 볼 수 있는 건 로열패밀리뿐. 시민혁명 이후 누구나 지식에 접근할 수 있어야 한다는 가치관이 생겨나면서 공공도서관이 만들어졌어요."

그는 「국제도서관협회연맹 학교 도서관 선언(IFLA School Library Manifesto)」 일부를 인용한다.

"학교 도서관 서비스는 연령, 인종, 성별(gender), 종교, 성적 지향이나 정체성, 장애, 국적, 언어, 직업 및 경제적·사회적 지위 등에 따른 차별 없이 학교 공동체 모든 구성원에게 평등하게 제공되어야 한다."

모든 구성원에게 열린 공간에서 평등을 말하는 책을 지울 순 없다. 그러니 움츠리지 않으려 한다.

학교에 왜 가야 하나요?

2024년이 그가 이 학교에서 보내는 마지막 해라고 했다.

"헤어지기 아쉬운 것도 있고, 새로운 학교가 기대도 되고.

시원섭섭하다? 그런데 이 도서관에 후임자가 오지 않을 수도 있어요. 그게 걱정이네요."

정성 들인 도서관이지만, 그가 떠나고 난 후 담당 사서가 배치될지 알 수 없다. 교과 담당 교사들과 다르게 사서교사는 필수가 아닌 '선택'으로 여겨진다. 2018년 학교 도서관 관련 법률(학교도서관진흥법 시행령)이 개정되어 학교마다 사서 전문 인력(사서교사, 사서, 실기 교사)을 한 명 이상 두도록 하는 규정이 생겼으나, 현실이 되려면 먼 이야기다. 2025년 3월 기준으로 보면, 전국 1만여 개의 학교 중 사서 전문 인력을 배치한 곳이 채 절반도 되지 않는다. 5,000여 개의 학교에는 '무엇이건 물어볼' 사람이 없다.[5]

도서관은 꿈같은 이야기가 가득한 곳이지만, 학교는 꿈결로만 채워진 장소가 아니다. 독서진흥법의 취지가 무색하게도, 도서관을 지키는 사람은 예산의 허용 범위에 따라 사라지기도 하고 나타나기도 한다. 사서 전문 인력이라고 불리는 이

---

[5] 2018년 학교도서관진흥법이 개정되면서 현행법상 학교 도서관에는 사서교사·실기교사·사서 가운데 최소 한 명 이상을 배치해야 한다. 그러나 전국 공립 초중고교 및 특수학교 1만 294곳 중 사서교사가 배치된 곳은 1,660곳(16.1퍼센트)에 불과했다. 공무직 사서까지 포함해도 43.8퍼센트에 그친다. 심지어 한 명의 사서 교육공무직이 10곳에서 30곳까지 학교 도서관을 순회하며 사서 업무를 수행하고 있다. "일부 학교 도서관은 한 달에 한 번도 제대로 운영되지 못해 도서관 이용 및 관련 교육 등 수행에 있어 학생 간 교육 격차가 발생하고 있다."(「학교 도서관 사서, 전문성 인정하고 배치율 늘려야」, 임혜진 기자, 《참여와혁신》, 2023. 2. 8.)

들 사이에서도 선별과 차별이 있다. 사서교사는 정교사와 기간제 교사로 나뉘고, 이들과 별개로 교사라 불리지 않는 '사서(공무직)'가 별도로 존재한다. 도서관을 찾아드는 학생들에게도 학교는 마냥 무해한 공간은 아니다. 입시라는 관문을 통과하기 위해 오늘을 인내하(라)는 곳이 현실의 학교이다. 평등한 도서관을 품고 있다 한들 학교가 평등한 공간이라 말할 수는 없다.

그렇게 우리는 잠시 학교의 현실에 관한 이야기를 나눴다. 대화가 학교의 존재 이유로까지 흘러가자, 나는 한숨 섞인 질문을 던졌다.

"학교를 왜 가야 할까요?"

그러자 그가 자리에서 일어서더니, 책장으로 가서 한 권의 책을 꺼내 온다. 제목이 '왜 학교에 가야 하나요?'. 웃음이 났다. 사서 선생님이구나. 역시 답은 도서관에서 찾아야 한다. "내가 만든 도서관에서 학생들이 평등한 세상을 알아 간다면, 그렇게 세상이 조금씩 바뀌는 게 아닐까. 민들레 홀씨를 뿌리는 마음으로 '너희들이 세상을 바꿔 줘.' 하고 바라는 거죠. 그 씨앗이 언제 싹을 틔울진 몰라도."

우리는 학교에 간다. 그곳에 다정하고 평등한 도서관이 있다면 다행이겠다.

사서 선생님들은 모두 책을 좋아하나요? 책이 왜 좋은가요?

책'도' 좋아해요. 하지만 사서 선생님들이 공통적으로 좋아하는 것은 우선 '도서관'이라는 공간 자체인 듯합니다. 도서관이 꿈꾸고 성장하게 하는 핵심적인 공간임을 알고 그 공간을 가꾸는 것에서 보람을 느끼기 때문이지요. 하지만 책을 좋아하는 것도 사실이에요.

책을 좋아하는 이유는 사람마다 다르겠지만, 여기서는 정보 습득의 관점과 개인적인 이유로 나누어 생각해 볼게요. 먼저, 살아가면서 점점 더 다양한 정보들이 필요한데, 책에 실린 정보는 일정 수준의 신뢰도가 보장되니까요. 출처와 교차 검증이 적은 뉴미디어에 비해, 출판 과정에서 여러 사람에 의한 검증 절차가 비교적 보장되어 있어요. 한마디로 믿을 수 있는 정보일 확률이 높지요.

개인적으로는 책이 삶의 지평을 넓혀 주기 때문이에요. 내가 살아가면서 겪는 경험과 생각은 한정되어 있어요. 하지만 다양한 책들은 내가 경험할 수 없는(혹은 없었던) 일들과 해 보지 못한 생각, 그리고 다른 관점을 줍니다. 책을 읽을 때 주변의 소음과 관계없이 오롯이 책과 나만 존재하는 듯한 고요한 느낌도 책을 좋아하는 이유 중 하나지요.

학교에 사서 선생님이 있으면 좋겠어요. 이를 위해 학생들이 할 수 있는 일이 있나요?

학교의 다양한 구성원들은 사회가 정한 법과 규칙 등을 적용받는답니다. 우리는 우리 스스로 의사 결정에 참여할 수 있는 민주주의 사회에 살고 있어요. 그래서 학교에 사서 선생님이 필요하다면 시민사회에 이 생각을 전달해야 합니다. 생각나는 방법을 알려드릴게요.

학교에 사서 선생님이 없어서 불편했던 경험을 잊지 말고 있다가, 지방자치단체장과 교육감 선거 시 정책 질의를 해 보는 방법이 있습니다. 또, 지역 혹은 국가의 민의를 대표하는 지방의회의 의원과 선출직 공직자(구청장, 시장 등)에게 학교에 사서 선생님이 필요하다고 의견을 주는 것도 한 방법이지요. 마지막으로 여러분들이 있는 지역의 교육청(혹은 교육지원청)에 문의를 하는 방법도 있답니다.

중요한 것은 학교에 사서교사(혹은 사서)가 필요하다고 생각하는 사람들과 뜻을 같이하는 것입니다. 민주주의 사회에서 이렇게 공공 사회를 더 올바른 방향으로 나아가게 하고자 여럿이 같이 사회적 행동을 하는 것을 연대라고 한답니다. 주변 친구들과 이웃, 가족들과 도서관 혹은 학교도서관에 대해 이야기하는 것부터 시작해 봅시다.

사서교사 - 정태영

가장 기억에 남는 도서관 프로그램은 무엇인가요?

'고전 독서회'가 있습니다. 우리와 밀접하게 연결된 고전들을 읽고 책 대화를 하는 프로그램인데요, 학교 구성원들과 고전 작품을 선정하는 과정에서 우연히 고등학교 시절에 읽었던 헤르만 헤세의 『수레바퀴 아래서』가 선정되었어요. 독서 프로그램 진행을 위해 다시 읽고, 예전의 나와 지금의 내가 다른 감상을 느끼며 참여자로서도 성장하는 계기가 되어서 좋았어요. 또 개인적으로 고전문학을 독서 프로그램의 대상 도서로 삼으면 참가자들이 재미없어 할 것이라는 약간의 고정관념(?)이 있었는데, 그런 고정관념도 부술 수 있는 계기가 되었어요. 결국 고전문학은 현재의 시점에서 어떻게 해석하느냐에 따라 옴팡지게 재미있을 수 있는 것이더군요!

② 돌봄이라는 이름의 수업

돌봄전담사
최은희

"자, 이제 다 정리합니다. 옷 입고 가방 메고 준비합시다."
이 말을 신호 삼아 교실이 소란스러워진다.
"10분만요!"
한 아이가 큰 소리로 말한다. 여덟 살 아이에게 10분이란 어떤 길이의 시간일까. 누군가는 "60초만요!"를 외친다. 현실적이다. 손에는 색종이 뭉치가 들려 있다. 마치 수업이 이제 시작하기라도 한 듯 "선생님, 하얀 종이 어디 있어요?"라고 묻는 아이도 있다. 야무진 어린이도 등장한다. "손 씻어야 해요. 화장실 다녀올게요." 그러다가도 하나둘 겉옷을 입고 가방을 멘다.
"안녕히 계세요."
명랑한 소리가 복도를 울린다. 하지만 아직 끝나지 않았다. 신발까지 신은 아이가 다시 후다닥 교실로 돌아와 잊어버린 스티커를 챙겨 들고 나간다.
교실은 그제서야 적막해진다.
"이제 인사드리네요."
돌봄전담사 최은희가 문에서 시선을 거두고 교실 뒤편에 선 사진작가와 나를 돌아본다.

돌봄전담사 - 최은희

"돌봄교실은 이렇게 하루를 마감한답니다."
이 작은 교실을 지키는 사람,
최은희 돌봄전담사를 만났다.

지역사회와 학교의 여건에 따라 초등학교 저학년 학생을
학교에서 돌볼 수 있는 기능을 강화하고,
이에 대해 충분한 행·재정적 지원을 한다.
― 교육부 고시 〈초중등교육과정 총론〉 제2015-74호 규정

그만두고 싶지 않은 일

  학교에서 일하는 사람을 인터뷰하러 가는 길엔, 그가 지금껏 많이 받았을 것 같은 질문을 떠올린다. 사서교사라면 '책을 좋아하세요?', 영양사라면 '요리를 잘하시나요?' 같은 질문. 그런 질문은 가급적 하지 않기로 한다. 대신 이렇게 묻는다. "이런 질문을 자주 받으시지요?" 그렇지만 최은희 선생님에게는 대놓고 빤한 질문을 하기로 한다.

  "아이들 좋아하시죠?"

  배웅하는 모습을 잠깐 봤을 뿐인데, 아이들을 아끼는 사람이라는 생각이 들었다. 너무 살뜰하지도, 너무 다정하지도 않게, 하지만 적당한 염려와 애정이 묻어난 말투. 그 온기를 여덟 시간 동안 고르게 배분하는 일은 어렵고, 그건 애정 없이 가능한 일이 아니다.

  "아이들을 너무 사랑해서 이 직업을 가졌다고 단정 지어

말할 순 없지만, 아이들을 보면 그런 생각이 들어요. 아이들 한 명 한 명이 나를 너무 먼 사람으로 여기지 않았으면 좋겠다. 서로 소통하며 지내는 사이였으면 좋겠다. 지금까지 해 온 일 대부분이 아이들을 상대로 한 일이었어요. 그래서일까, 저도 모르게 사랑하게 되었나 봐요."

오랫동안 아이들을 가르쳐 왔다. 학원에서도 일하고, 공부방을 운영하기도 했다.

"솔직히 말하면, 학원 강사를 할 때는 일을 시작하면 그만두고 싶고, 그만두고 나오면 또 일을 해야 할 것 같고 그랬거든요. 그런데 정말 그만두고 싶지 않은 일이 바로 이 돌봄교실 일이에요."

학원에선 수학을 가르쳤다. 학원 강사 일은 학생들이 받아 오는 시험 등수로 자신의 실력과 노력을 증명해야 했다.

"그래서 여유를 가지고 아이들과 소통할 순 없었던 것 같아요."

학교로 오니 달랐다.

"여기서는 아이들이 커 가는 걸 지켜볼 수 있거든요. 아이들과 소통하고, 생활 습관을 바로잡고, 아이 한 명 한 명에게 조금씩 더 신경 쓸 수 있어요. 오늘 표정이 좋지 않으면 무슨 일이 있었는지 물어보고 그 아이의 마음을 조금이라도 풀어 주는 게 가능하니까요. 저는 이 일을 학교와 가정의 중간 역할이라고 말하곤 해요."

돌봄교실 자체가 학교에서 집으로 가는 길목에 있다. 부모님의 맞벌이 등으로 인해 방과 후 별도의 돌봄이 필요한 아이들이 이곳으로 온다. 돌봄교실 정원은 스물두 명. 이 어린이들이 교실에 와서 제일 먼저 하는 일은 간식 먹기. 꿀 송편과 오렌지주스, 팬케이크와 흰 우유, 구운 호떡과 식혜…. 조막만 한 음식을 나눠 먹고 작은 의자에 앉아 돌봄교실에서 준비한 수업을 기다린다. 월요일에는 창의미술, 화요일에는 컴퓨터·코딩, 수요일에는 종이접기…. 교실 벽 시간표에 적힌 수업이 다채롭다.

"창의미술, 종이접기, 줄넘기, 보드게임…. 악기는 유행을 타더라고요. 한때는 우쿨렐레가 유행하고, 최근 들어선 칼림바가 유행했는데, 내년에는 다른 악기가 나타나지 않을까 싶네요."

'특기적성교사'라 불리는 선생님들이 요일별로 수업을 담당한다. 흥미로운 과목들로 채워져 있지만, 시간표는 단순히 흥미 위주로 구성되는 것이 아니다. 지난해 프로그램 평가를 반영하고 올해 신청자 규모와 수요를 예측해 돌봄교실 운영계획을 짠다. 각 시도별로 내려오는 예산안에 맞춰 재정 계획을 내는데, 요일별로 달라지는 특기적성 수업의 강사비부터 교구 재료비까지 예산 목록에 들어간다. 그렇게 완성된 계

12:00~12:35 점심시간

12:35~13:00 안전교육

13:00~13:50 창의미술

13:50~14:05 간식

14:10~15:00 자유선택

15:00~15:20 EBS 시청

획안은 교원과 학부모로 구성된 학교운영위원회에서 심의받는다. 운영 계획이 확정되면, 특기적성 수업의 선생님을 찾는 모집 공고를 낸다. 면접을 거쳐 이들을 채용하는 것도 돌봄전담사의 몫이다. 무엇을 목표로, 어떤 방식으로 수업을 진행할지는 개별 교사들과 상의한다.

"지금은 가죽 공예 수업에서 가방을 만들고 있어요."

아이들이 접고 오린 색색의 작품 사이에, 갈색 인형처럼 보이는 작은 가방이 걸려 있다.

"1학년이라 어려서 못 할 것 같잖아요? 그런데 다 하더라고요."

아이들의 흥미와 성취감, 협동과 자립심까지 모든 요소를 고려해서 수업 프로그램을 운영한다. 미술, 체육 등 다양한 활동을 지도한다는 점에서는 방과후수업과 내용이 비슷하지만, 방과후수업처럼 학생들이 듣고 싶은 과목을 직접 선택하는 것이 아니기에 수업 분위기가 흐트러지기 쉽다. 아무래도 1~2학년이 주 대상이다 보니 가만 앉아 있길 기대하는 건 어려운 일이다. 이를 방지하려면 수업 계획을 짜는 단계에서부터 돌봄교실에 오는 학생들의 흥미와 필요를 잘 파악해야 한다.

"수업을 듣지 않을 때도 돌봄교실에서 아이들은 책도 읽고, 무언가 만들기도 하고, 숙제도 하고, 자기들끼리 놀기도 하면서 지내요. 저는 그 사이에서 분쟁도 조정하고, 상담도 하며 지내고요."

아이들은 하루에도 몇 번씩 선생님을 찾는다. "선생님! ○○이가 내 꺼 가져갔어요!", "○○이가 나쁜 말 해요." 그런 가운데, 최은희가 아이들에게 자주 하는 말이 있다.

"그런 말 쓰면 안 돼요."

앞서 그가 언급한 '분쟁 조정'이 이것이겠다. 다른 표현으로는 생활 습관을 바로잡는 일이라고 했다.

"정말 수백 번 말하는 거 같아요. 계속 반복해서 이야기해 줘야 하는 부분이 있어요."

하지만 다른 친구들이 보는 앞에서 한 아이를 혼내진 않는다. 조용한 곳으로 가서 단둘이 이야기를 나눈다고 한다.

"저는 평소에 이런 표현을 자주 하거든요. '선생님은 ○○이의 이런 점이 참 좋아.' 둘이 이야기할 때도 '선생님은 네 모습이 참 좋아. 너를 좋아하는 건 변하지 않을 테지만, 이런 말이나 행동은 하지 않아 주었으면 좋겠어. 이런 부분은 고쳐주었으면 좋겠어.'라고 이야기해요."

아이들은 그가 '좋아해'라는 단어를 꺼내는 순간부터 수줍어한다고 했다. 너를 좋아해. 이 말에 고개를 외로 꼬며 몸을 비튼다.

"아이들은 정말 솔직하고, 상대의 마음을 다 알거든요. 정말 애들이 밉고 그런 건 하나도 없는 것 같아요. 아이들 때문에 울고 웃는 경우가 많은데, 진짜 제 눈물 콧물 다 빼 놓는 아이조차 밉지가 않아요. 상황이 안타깝고 슬플 순 있어도, 그 아이 자체는 너무 예쁜 거죠."

그는 아이들 모습이 떠오른 건지 웃는다. 그렇다고 늘 행복한 결말이 기다리고 있는 건 아니다.

"대화가 끝날 쯤에 '친구에게 가서 사과할 것이 있으면 사과하고 화해하자.' 하는 말로 마무리하거든요. 그렇게 하더라도 그때뿐이긴 해요."

다음 날이면 아이들은 똑같은 문제를 가지고 또다시 투덕거린다. 그러면 '선생님이 너를 참 좋아해'라는 말도 어김없이 반복된다.

매번 새롭게 배우고 적응하는

"이 일을 하면 할수록 아이들을 대하는 게 쉬워지고 편해져야 할 텐데, 전혀 아니에요. 아이들은 계속 변하기 때문에 매번 새롭게 아이들에게 적응해야 하는 거 같아요."

농담 삼아 그는 '신인류'를 보는 것 같다고도 한다. 그와 학생들 사이엔 30년 넘는 시간이 있다.

"형제자매 수부터 자라 온 환경까지 제가 자라 온 시대랑은 전혀 달라요. 예를 들어 지금 아이들은 영상 세대이기 때문에, 제가 어릴 적이랑 비교하면 보고 말하는 것은 무척 빨라요. 그에 반해 타인의 말을 듣는 일은 더뎌요."

타인의 말을 귀담아듣지 않으면 타인과 함께하는 일도 불가능하다. 아이들과 나누는 짧은 대화에서도 그는 잘 듣는 법을 알려 주기 위해 여러 시도를 한다. 그러려면 자기 자신부터 귀를 열어 두어야 한다. 아이들을 잘 듣게 하려면 자신이 먼저 귀를 기울일 줄 아는 사람이 되어야 하니까.

"아이들을 오래 가르쳐 왔지만 그 속에서 저도 계속 배워요."

거듭 맞춰 가야 한다는 말은 늘 새롭게 배울 것이 있다는 이야기이기도 하다. 커 가는 걸 지켜본다고 했지만 성장하는 건 학생들만이 아니다.

"여기가 공부를 가르치는 곳은 아니지만, 아이들이 자기들끼리 그리고 저하고도 서로 배우며 성장하는 곳이라 생각해요. 그래서 가정과 학교의 중간 역할을 한다고 한 건데요, 역할을 정하고 균형을 잡는 게 처음엔 쉽지 않았어요."

누구는 교육이 아닌 보육의 영역이라고 하는 돌봄교실이지만, 돌봄은 돌봄받는 이와 돌보는 이가 서로 끊임없이 배우고 가르치는 순간으로 채워진다. 돌봄교실을 '생활교육의

장'으로 만들어 가야 한다는 방향도 꾸준히 제기되고 있지만, 현실에서의 돌봄이란 누군가에게 자꾸 미뤄지는 노동이기도 하다. 이 '귀찮은' 일을 떠맡는 사람들에 대한 낮은 처우도 계속 문제가 되어 왔다. 최은희가 처음 돌봄교실에 온 것은 2012년. 그때는 이곳을 '보육 교실'이라고 불렀다. 돌봄전담사의 명칭 또한 '돌봄강사'였다.

"이름은 강사라는데, 참 희한한 강사가 있구나. 그렇게 생각했어요. 우선 강사 페이가 너무 적은 거예요."

11개월 한정 계약직에, 기본급도 낮았다. 나머지 월급은 학생 수에 따라 차등을 두어 지급되었다. 저소득층 가정의 자녀 등으로 신청 대상이 정해져 있는 돌봄교실이었음에도, 신청자가 적을 경우 그에 따른 손해는 돌봄강사가 오롯이 감당해야 했다.

"10년 전이라, 그때는 돌봄교실을 관리하는 담당 교사가 한 명씩 배치되어 있었거든요. 입사하고 1년쯤 됐나, 담당 교사가 물어 오더라고요. 일이 어떠냐고. 제가 그때도 말씀드렸어요. '중요한 일을 하는데 처우가 너무 엉망이에요.'"

월급만 문제였을까. 명칭은 돌봄강사였지만 아무도 그를 선생님으로 여기지 않았다. 학생들은 하루에도 몇 번씩 '선생님'을 부르며 자신을 찾았지만 교사들은 그를 실수로라도 그렇게 부르지 않았다. 교사가 아니어도 사회생활을 하는 사람들끼리 흔히 쓰는 호칭임에도 불구하고, 돌봄강사(돌봄전담사)는 선생님이라고 불리지 않았다. 아이들과 지내는 일이 아무리 즐거워도 무언가 잘못되었다는 감각은 사라지지 않았고, 결국 한 해가 지나기도 전에 그는 노동조합에 가입했다. 학교비정규직 노동조합이 만들어질 당시였다. 그와 비슷한 의문을 지닌 이들이 한둘씩 노동조합을 찾았고, 이후 교육청을 상대로 한 요구와 협상이 길게 이어졌다. 그렇게 조금씩 일하는 환경을 바꿔 왔다. 이제는 네 시간 파트타임 알바(시간제 노동)처럼 주어지던 일이 여섯 시간, 여덟 시간으로 정례화되고 있다. 다만 돌봄전담사의 권한과 역할이 늘어남에 따라 업무량도 늘었다. 돌봄교실 담당 교사가 사라지고 돌봄교실 운영 전반이 돌봄전담사의 일이 되는 추세다.

누구도 돌봄 없이는

"'돌봄'이라는 단어를 사전에서 한번 찾아봤거든요. 아기부터 나이 든 어르신까지, 그리고 동물에게도 돌봄이라는 단어를 보편적으로 사용하더라고요."

누구도 돌봄 없이 살아갈 수 없다.

"그런데 돌봄은, 특히 아이를 돌보는 일은 아무나 할 수 있다는 인식이 강했던 거 같아요. 예전 부모님 세대에는 '밖에서 돈 버는 건 아버지, 집에서 양육하는 건 어머니'라는 식으로 양분했잖아요. 아버지의 일은 중요하다고 여기면서 아이 돌보는 일은 여자면 다 하는, 별것 아닌 일이라 여기기도 하고."

돌봄교실도 그 연장선상에 놓였다. '중요한 일을 하는데 처우가 너무 엉망'이라는 그의 말은 힘을 지니지 못했다. '아버지의 일과 어머니의 일' 이야기는 최은희 자신에게도 해당한다. 사범대학을 졸업했으나, 그가 전공한 교과는 상업 계열 과목이었다. 상업고등학교가 점점 사라져 가는 추세였기에 신입 교사를 데려가려는 학교는 없었다. 교사 자리가 나길 기다리다가 결혼을 했다. 그 뒤로 학원에서 아이들을 가르치고 집에서는 아이들을 돌보는 생활을 이어 갔다. 학원에서 수학뿐만 아니라 논술 과목도 가르쳤다는 말에 내가 전천후라고 추켜세우자, 그는 고개를 저었다.

"아니요. 전문성을 못 가진 거겠지요."

양육을 전담하느라 경력 단절 상태가 되거나 정규 노동시장에 들어가지 못한 여성이 직업적 전문성을 갖추는 일은 어렵고, 그렇다고 돌봄을 전문적인 영역의 일로 인정해 주는 사회도 아니다. 돌봄전담사를 학교 수업을 마친 후 갈 곳 없는 아이들에게 간식을 먹이고 놀아 주는 정도의 역할을 하는 사람으로 보는 시선이 여전히 존재한다.

"그래도 코로나19를 겪으며 사람들이 돌봄의 필요를 이전보다 크게 느끼는 것 같아요. 돌봄이 지닌 의미나 문제가 수면으로 올라온 느낌이 들거든요."

모두에게 '거리를 두라'고 했지만, 거리를 두면 생존조차 불가능한 영역이 있다는 사실을 각인한 시기였다.

"지금 이 학교에 돌봄교실이 5개쯤 되는데 한 반에 22명씩 받을 수 있거든요. 그러면 모집 인원이 총 110명이에요. 그런데 올해도 180명이 (돌봄교실에 들어오겠다고) 지원했어요. 대기자만 70명인 거죠."

전국 단위로 보자면 현재 6,000여 개 초등학교에서 30만 명을 웃도는 학생이 돌봄교실을 이용한다(2023년 기준). 부모가 모두 직장 생활을 하는 집도 흔하고, 한부모 가정 등 가족의 형태도 다양해졌다. 그런 까닭에 돌봄교실 지원 대상도 확대되어 왔다.[6] 이제 방과후 돌봄은 학교에 없어서는 안 될 제도로 자리 잡았다. 돌봄이 필수 영역이라는 인식은 커졌으나, 여전히 돌보는 자를 둘러싼 문제는 산적해 있다.

"돌봄교실 대기자가 70명이 되잖아요. 이 대기 인원 해소를 위한 대책을 세워야 하는 거예요. 교육청은 계속 공문을

---

[6] 2004년에 시작한 돌봄교실 제도는 처음에는 저학년을 대상으로 하였으나 지금은 전 학년으로 점차 확대되었다. 맞벌이, 저소득층, 한부모 가정을 우선으로 선발한다. 시·도 및 학교 여건에 따라 일시적 실직이나 경력 단절 등으로 구직 중인 가정의 자녀가 대상이 되기도 한다.

내려요. 어떻게 해소할 것인지를 묻는."

묻는다고 답할 수 있는 문제인가 싶지만, 교육청은 돌봄교실 운영에 관해 계속 물어 온다. 돌봄교실 이용 학생들의 요일·시간대별 인원, 귀가 현황 등도 돌봄전담사가 일상적으로 제출해야 하는 내용이다. 돌봄교실 수요는 지자체 교육청의 큰 관심사다. 몇몇 시·도 교육청은 돌봄교실 대기 수요 '제로화'를 전면에 내세운다. 하지만 작고 귀여운 간식—한입 크기의 팬케이크와 흰 우유 등—을 하나 장만하는 일만 하더라도 간식비를 공지하고, 지원 대상을 추리고, 예산을 짜고, 수납하고 처리하는 등 숱한 업무가 따라온다. 돌봄은 노동이다. 그러나 돌봄교실 안에서 '돌봄하는 이'의 노동은 고려되지 않는다.

지역(지자체), 교육(학교), 가정(양육자)이 어린이의 돌봄에 있어 어떻게 역할을 나누어 가질 것인지를 토의하고 협의하지 않은 채, 돌봄은 편리한 방식으로 학교에 맡겨졌다. 그러다 보니 돌봄교실 담당은 교사들의 기피 업무가 됐다. 시스템이 마련되지 않은 곳에서는 힘들고 어려운 일이 위계를 타고 흐르기 마련이다. 결국 돌봄전담사가 교실 운영의 책임까지 지게 되었다. 떠넘기듯 늘어나는 책임과 업무를 두고 돌봄전담사들이 반발하는 것은 당연하다. 업무 총량은 늘어 가는데, 구체적인 역할 분담 방안이나 지원 계획은 마련되지 않고 있다. 돌봄교실에 연관된 많은 이가 이 시스템을 비판하고 어려움

을 토로한다. 그러니 돌봄교실은 둘러싼 시선은 뜨겁고 조심스럽다.[7]

교실 안 소소한 온기

그럼에도 돌봄교실은 자잘자잘 아이들 웃음소리로 오늘도 떠들썩하다. 뜨거워도 손에 쥔 일을 놓지 않는 사람들 덕분이다. 교실 밖 온도가 어떻든, 교실 안에는 아이들이 주는 소소한 온기가 있다. 최은희에게 학교는 계속 일하고 싶은 곳이다.

저녁 어스름이 필 시각, 학생들은 떠났으나 그의 일과는 끝나지 않았다. 조용한 교실에서 밀린 행정 서류 작업을 하고 교구를 정리한다. 그러다가 자리에서 일어나 허벅지 높이밖

---

[7] 그런 가운데 교육부는 종일 돌봄이 가능하다며 늘봄학교 계획을 제출했다. 기존 돌봄전담사, 특기적성교사, 방과후교사와 돌봄/늘봄교실을 담당하는 교사들까지 인력 배분에 따른 문제와 갈등이 야기되자, 정부는 2024년에 한시적 기간제 교사 2,000명을 배치하고, 지방직 공무원과 늘봄지원실을 점진적으로 늘려 배치할 것이라고 했다. 돌봄 및 방과후 교실의 인력 배치와 역할 배분, 돌봄교실에 대한 법적 기준 미비가 해결되지 않은 상태에서 새롭게 등장한 늘봄학교 정책을 두고 일각에서는 "주체별 갈등이 최고조인 마치 화약고와 같은 학교에 기름을 부은 격"(홍섭근 교육정책디자인연구소 연구위원)이라며 우려를 전하고 있다. 학교공무직노동조합 역시 "현장을 실질적으로 책임지고 있는 돌봄전담사, 늘봄실무사, 방과후 강사 등 학교 비정규직 노동자들의 목소리는 정책 설계와 운영 과정에서 철저히 배제되고 있다"고 반발하고 있다.

에 오지 않는 작은 책상을 줄지어 맞추고, 알록달록한 교실을 한 번 둘러본 뒤 불을 끄고 문을 나서면 퇴근이다. 이 작은 교실을 지키는 사람, 그는 돌봄전담사다.

생활 속에서 배운다는 건 어떤 의미일까요?

일례로 아이들끼리 갈등이 생겼을 때, 저는 '잘했다, 못했다'를 넘어서 갈등을 풀어 가는 방법을 알려 주려고 해요. 아이들은 경험이 많지 않잖아요. 그만큼 배울 게 많기 때문에 싸우고 난 뒤에 갈등을 해결하는 방법도 알려 주려고 해요. 아이들을 불러서 무조건 사과하라고 시키지 않아요. '미안해', '괜찮아', 이러고 끝내도록 두지 않아요. 무엇이 미안한지, 앞으로 어떻게 하겠다고 약속하고 싶은지를 말하게 하죠. "내가 너의 마음을 모르고 때린 거 미안해. 앞으로 그러지 않을게." 그러면 상대방도 "네가 때려서 나 너무 아팠어. 다음에는 그러지 말아 줘." 이렇게 서로에게 말하는 연습을 시켜요. 이런 경험들이 조금씩 쌓이면 아이들이 스스로 분쟁이나 갈등을 해결하는 법을 익히지 않을까 해요. 자신이 불편하거나 상처 입은 지점을 인지하고, 그걸 말하고, 서로 해결하는 연습을 해 나가는 거죠. 돌봄교실에서는 이렇게 아이들을 생활 속에서 지도하는 거 같아요.

돌봄교실 시간이 끝났는데도, 부모님이 데리러 오는 것이 늦어 교실에 혼자 남은 학생이 있을 땐 어떻게 하시나요?

학생들이 보통 5시가 되면 다들 돌봄교실을 떠나요. 그러면 저는 서류 작업을 하다가 7시경에 퇴근하는데요, 6시 50분까지 있는 아이들도 있어요. 그러면 그 아이는 혼자 있어야 하잖아요. 심심도 하고 외로워하죠. 그렇다고 제가 옆에 붙어서 뭔가를 같이 해 주는 게 꼭 좋은 방법은 아니더라고요. 처음에는 안쓰러운 마음에 그 아이에게 시간을 많이 할애했는데, 시간이 지나고 보니 자기가 혼자 뭘 해야 할지를 모르고 '선생님, 선생님' 하면서 제 주변을 떠나지 않는 일이 벌어지더라고요. 아이도 혼자 있고, 혼자 할 수 있는 걸 배워야 하는데, 그럴 시간을 제가 주지 않은 거죠. 내가 아이에게 사랑을 주더라도, 그런 것들을 생각하면서 주는 게 맞는 거더라고요. 그래서 점차 제 일을 하면서 아이가 혼자 시간을 보낼 수 있게 했죠. 이렇게 하면서 저도 아이들을 대하는 법을 계속해서 배워요.

돌봄전담사 - 최은희

돌봄교실에서 만난 학생이 성장해서 찾아오는 경우도 있나요?

지역에 있는 학교로 출근을 하기 때문에 돌봄교실 학생들과 한 동네에서 만나기도 해요. 자라는 걸 계속 볼 수 있는 아이들도 있어요. 얼마 전에는 고등학교 3학년이 된 학생을 동네에서 만났어요. 기억이나 날까요? 초등학교 저학년 때 기억이면, 옛날에 찍어 놓은 사진 같은 느낌이 들 것 같아요. 지금은 저하고 싸우고 놀고 그렇게 지내지만, 이 학생들도 지나고 나면 저라는 사람과 보낸 시간은 흐릿한 사진 한 장처럼 남지 않을까요?

③
식단표가
식판에 담기기까지

영양사
이희원

"하루는 취사기(밥통)가 고장이 난 거예요.
밥을 할 수가 없어요. 그래서 어떻게 했는지
아세요? 오븐기에 밥을 했어요. '물이
안 나와요.' '가스 불이 약해요.' '식재료 뭐가
안 왔어요.' 순간순간 이런 일에 대처하지 못하면
학생들에게 급식을 줄 수가 없는 거예요."
하얀 가운을 입고 우아하게 급식실을 누빌 것만
같았는데, 13년 차 학교급식 영양사 이희원이
말하는 일상은 느긋함과 거리가 멀다.
그야, 조금만 생각해 보면 사실 당연한 일이다.
가정집의 주방조차 느긋함과는 거리가 먼
장소이니까.

영양사 - 이희원

> 학교급식의 목적은, 학교급식의 질을 향상시키고 학생의 건전한 심신의 발달과 국민 식생활 개선에 기여하는 데 있다.
>
> ― 「학교급식법」 제1조

나 하나 먹이기도 이렇게 힘든데

오늘 저녁엔 또 무슨 음식을 해야 하나. 이것이 살림하는 사람들의 큰 고민거리라는 말을 들은 적 있다. 그런데 1인 가구로 살다 보니 남 일이 아니었다. 대충 먹고 산다고 생각했는데도, 하루 세끼를 챙기는 건 정말 일이다. 가정경제를 무너트리지 않을 만큼 합리적인 가격의 식재료를 준비하고, 내 몸의 불균형을 생각해 영양소를 고루 갖춘, 그러나 조리법이 어렵거나 조리 시간이 너무 오래 걸리진 않는 음식을 매끼 만들어 내야 한다. 심지어 아무리 나 혼자 먹는 거라지만 맛이 없으면 곤란하다. 같은 반찬을 계속 먹어도 물린다. 냉장고 속 재료의 유통기한도 파악해야 한다. 나 하나 챙겨 먹이는 일도 이렇게 고된데, 다른 사람 끼니까지 챙기는 사람들은 어떤 능력을 가지고 있는 걸까. 더구나 수백, 수천 명의 식단을 책임지다니.

"식단표만 수백 번을 봐요."

식단표에 미역국, 오이무침, 가자미구이… 이렇게 적어서 급식실로 보내면 끝나는 일이 아니다.

"화가가 그림 하나를 완성하기 위해 몇 날 며칠 시간을 투자하잖아요. 영양사도 똑같아요. 결과물은 식단표 한 장이지만, 그 표 하나를 만들기 위해 어떤 음식을 넣었다가 뺐다가 재료를 다른 걸로 바꾸기도 하고, 구성이 겹치거나 영양 균형이 안 맞는다 싶으면 다시 고치는 일의 반복이에요. 정말 수십, 수백 번을 봐요."

식단표가 식판에 담기기까지

그 노고를 모르는 입장에서는 식단표를 보는 게 그저 즐겁기만 하다. 요즘은 학교별 식단표를 인터넷상에서도 볼 수 있다. 모 고등학교의 오늘 자 급식 메뉴는 현미밥, 된장찌개, LA갈비찜, 숙주나물무침, 배추김치다. 급식실 풍경이 눈앞에 그려진다. 갈비찜은 인기 만점일 테고, 숙주나물은 제법 잔반이 남을 것 같다. 다음 날 식단은 가지토마토덮밥, 들깨무국, 담양떡갈비, 깍두기. 내가 학생이었다면 가지토마토덮밥 옆에 별표를 쳤을 텐데. 식단표를 한 주 단위로 잘라 책상에 붙여 놓는 건 흔한 일이다. 파스타, 삼겹살 같은 인기 메뉴에는 하트를 그린다. 한 칸씩 잘라 묶어 '메뉴 책'을 만드는 정성스러운 학생도 있다. '식단표 부장'도 있단다. 식단표 부장은 맡은 바에 따라 매일 아침 급식 메뉴를 칠판에 적는다고 했다. 식단표는 이렇게나 사랑받고 있다.

하루 식단에 수백 명의 이목이 쏠린다. 그 관심의 크기만큼 사랑만 받으면 좋겠는데, 오히려 영양사는 학교에서 학생들의 건의와 요청을 가장 많이 받는 사람이다. 모 학교의 급식 소리함을 잠시 엿봤다.

'보쌈. 맛있게 해 주세요.'
'싸이버거 먹고 싶어요.'
'랍스터 주세요.'
'밥 많이 주세요.'

학생들의 바람을 하나하나 읽어 가다 보면 웃음이 난다. 하지만 매일같이 이런 요구를 받는 사람은 웃을 수만은 없겠지. 기대가 클수록 실망도 큰 법. 요청한 음식은 보이지 않고 싫어하는 메뉴가 연이어 나오면 식당은 볼멘소리로 가득 찬다. 매일 같은 교실에 앉아 하얀 바탕에 검은 글씨 가득한 교과서만 보고 있는데, 점심시간에도 뻔한 메뉴를 만나면 실망스러울 수밖에. 이희원도 그 마음을 안다. 그에게도 학창 시절이 있었으니까.

"맨날 비슷한 음식이 나오면 먹는 사람은 지겹잖아요. 조금씩이라도 메뉴에 변화를 주려고 해요."

뻔하지 않은, 그러면서도 맛과 영양소를 보장하는 식단을 만들기 위해 시장조사와 식단 연구를 한다. 영양사 일을 시작한 후, 식당에 가면 어떤 상차림이 나오는지 유심히 보는 습관이 생겼다고 한다. 하지만 학생들이 좋아하는 음식으로만 식단표를 채울 수 없는 이유가 있다. 앞서 언급한 급식 건의함을 보면 영양사들의 고민을 짐작할 수 있다. 학생들이 요청했으나 식단에 오르지 못한 음식의 미반영 사유를 설명하는 것도 영양사들의 일이다.

마라탕 - 자극적인 음식이라 위장이 약한 사람에겐 금지 식품이에요.

초밥 - 손으로 만져서 만드는 요리는 식중독에 취약해요.

요플레 스푼 - 지구 환경을 위해 미제공합니다.

위생은 물론 지구 환경까지 생각해야 한다. 맛, 영양소, 색, 식감, 조리 시간 등 하나의 음식이 메뉴판에 담기기까지 고려해야 할 것이 많다.

"학교급식은 해썹(HACCP, 식품안전관리인증기준)이라는 위생관리 시스템을 따라요. 식재료는 섭씨 75도에서 85도 사이로 1분 이상 가열해야 해요. 생채소나 과일류는 염소계 소독액에 5분 이상 담가 둔 뒤 흐르는 물로 세척해서 나가야 하고요. 소독과 가열을 거치지 않은 음식은 줄 수가 없어요."

급식 건의함에 아무리 초밥과 간장게장을 먹고 싶다고 적어도 식판에 오를 수 없는 이유다.

"조류독감 같은 이슈가 있을 때면 고민이 더 크죠. 식재료를 선택하는 데도 정말 많이 고민해요. 후쿠시마원전사고가 터진 뒤로는 먹이사슬 상위층에 있는 참치나 대구 같은 해산물은 메뉴에 넣지 않으려고 해요. 정말 아이들의 건강에 조금이라도 해가 될 만한 것은 다 거르려고 하거든요."

성장기 어린이와 청소년이 대상이다 보니, 학교급식에서 특히 중요한 것은 식품 안전과 영양소 균형이다. 재료의 신선도부터 청결까지 모든 것이 엄격하게 관리된다.

"학기 초에 학교운영위원회가 열리는데, 그때 영양사가 급식 운영 계획을 보고해요. 위원회의 심의를 받는 거죠. '영양소 섭취 기준은 어떻게 편성하겠다', '식재료 규격과 품질은 어떻게 유지하겠다', '달걀은 무항생제 국내산 1등급을 쓰겠다', '쌀은 국내산 친환경 유기농 쌀을 쓰겠다' 하는 계획을 내요. 좋은 걸 쓰겠다고 무작정 선언하는 게 아니라, 주어진 예산 안에서 수천 가지 식재료의 품질, 규격, 수량, 단가를 고려해서 결정하는 거예요. 식자재를 납품하는 업체는 어떤 기준에 맞춰 선정할 것인지, 급식실 위생 관리와 급식실 종사자 위생 교육은 어떻게 할 것인지. 그런 안건을 하나하나 논의하고 심의가 통과되면 그에 따라 운영해요. 이렇게 작성하는 1년 급식 운영 계획서가 A4 용지로 50장씩 되고 그랬어요."

심의를 통과하면 그에 맞춰 주·월·학기 단위로 세부 계획을 짜야 한다. 영양사로 부임한 첫해, 매일같이 야근을 해야 했다는 그의 말이 이제 납득이 간다.

식단표가 만들어졌다고 끝이 아니다. 이제 시작에 불과하다. 식단표에 따라 식재료를 주문(발주)한다. 1,000여 명이 먹을 수백 개의 재료 품목을 예산에 맞춰, 모자람도 넘침도 없이 구매해야 하는 일이다. 식재료가 배송되는 이른 아침이면 영양사는 흰 가운을 입고 급식실로 들어선다. 주문한 식재료가 제대로 왔는지, 급식실의 재고 물량은 얼마나 되는지, 조리 도구엔 이상이 없는지 확인하는 검수 과정이 한 시간 정도 걸린다. 배추 수십 통, 오이 수십 단, 마늘과 양파가 놓인 조리대는 텃밭 하나를 통째로 옮겨 온 것만 같다. 검수가 끝나면 조리사들에게 메뉴와 레시피를 전달한다. 레시피 개발도 영양사의 몫이다.

"인터넷에 수많은 레시피가 올라와 있지만, 그걸 기준으로 단체 급식을 조리하면 너무 짜거나 싱거울 가능성이 커요. 단체 급식이라고 해도 교실 배식이냐 식당 배식이냐, 초등학교냐 고등학교냐에 따라 다 달라요. 표준 레시피가 있어도 그것대로 할 수가 없는 거예요. 예를 들어 찜닭을 요리한다고 하면, 매뉴얼에 따라 정량대로 간장을 넣어도 닭이 하얘요. 입맛이 안 도는 거예요. 그러면 잔반이 많아져요. 그럴 때는 춘장을 조금 넣어서 짙은 색을 내거나, 곁들임 음식을 내놓아서 색을 더한다거나 하죠. 그런 부분을 채워 넣는 게 영양사의 노하우거든요."

처음 시도하는 요리일 경우 조리법 설명이 더 꼼꼼해야 한다. 조리 과정이 복잡한 음식이 나가는 날엔 영양사도 팔을 걷어붙이고 합류한다. 틈틈이 결재 서류 작성도 잊지 않는다. 드디어 조리가 끝나면 음식물에 이상이 없는지 검식을 한 뒤 배식 지도를 나간다. 한 장짜리 식단표가 실물이 되어 식판에 담기기까지의 과정이다.

먹는 것도 교육이니까

그런 수고를 보상해 주는 건 "맛있어요" "잘 먹었어요"라는 학생들의 한마디다. 졸업 후에도 찾아와 급식을 먹고 싶다

고 하는 학생도 있다.

"스승의날이나 이럴 때 고등학교에 간 학생들이 가끔 찾아와요. '우리 학교 급식은 맛없어요. 선생님 급식 먹고 싶어요.' 급식이 맛있으면 아이들이 너무 행복해하는 게 보이죠. 그걸 보면 뿌듯하고, 보람을 느껴요. 내가 누군가에게 도움되는 일을 하고 있구나."

밥상 차리는 사람의 마음이다. 그 웃음을 보려고 시장조사를 하고 메뉴를 개발하고 시행착오를 감수한다. 하지만 '우리 학교급식은 맛없다'는 아이들에겐 좀 다른 말을 한다.

"'너희가 아직 적응이 안 돼서 그런 걸지도 몰라. 조금 지나면 괜찮아질 거야.'라고 말해 줘요. 음식의 완성은 영양사의 노력만으로 되는 일이 아니거든요. 급식 예산이나 조리 인력이 충분치 않다든가, 조리실 환경에도 영향을 받아요. 조리실무자가 레시피 이해를 얼마나 잘하고 있는지, 화구가 몇 개이고, 오븐 사용이 가능한지에 따라서도 내놓을 수 있는 반찬이 달라지니까요."

노력을 인정받았다는 뿌듯함을 뒤로한 채, 급식실 사정을 아는 자로서 다른 영양사의 노고와 고충을 이해하려 한다. 같은 일을 하는 사람으로서 예의를 갖춘다. 더불어 자신만의 방식으로 '식생활 개선 교육'을 하는 중이기도 하다.

"하나씩 갓 튀긴 돈가스랑 급식실에서 대량으로 만든 돈

가스의 맛이 똑같을 순 없잖아요. 단체 급식의 특성을 학생들이 이해하는 것도 필요하죠. 급식의 취지를 잘 설명하고 학생들에게 이해시키는 일 역시 식생활 개선 교육의 하나라고 생각하거든요."

단체 급식은 한 시간 남짓 되는 시간 안에 수백 명이 식사를 마쳐야 하는 시스템이다. 정해진 시간 안에 조리가 가능한지는 물론, 한두 시간 정도 상온에 두어도 변질될 위험이 없으며, 다수의 배식이 가능한지 등을 따져야 한다. 소규모 요리를 내놓는 맛집 식당과 같을 수 없다. 하지만 최근 몇 년 새 식판 사진을 찍어 급식 식단을 '인증'하는 것이 SNS에서 유행하고 있다. '명품 급식', '급식 맛집'이라는 해시태그가 달린다. 젊은 층이 선호하는 반찬이나 화려한 음식이 나올수록 사람들은 '급식 잘 나온다'며 좋아하고 영양사의 실력을 추켜세운다. 이희원은 칭찬에 마냥 뿌듯하기만 할 일은 아니라고 했다.

"오히려 급식 식단을 구성하는 데 잠깐의 미각적 욕구 충족을 최우선적으로 생각하는 문화는 개선되어야 하는 거죠. 그럴수록 영양사를 '학생들에게 맛있는 음식을 줘야 하는 사람'으로 인식하게 되는 거 같아요. 물론 음식의 맛도 중요하지만 그게 전부는 아니거든요."

영양사의 역할이 바로 서야 급식의 의미도 바로잡힌다. 학교급식 영양사는 고객 입맛에 맞춘 서비스를 제공하는 사람이 아니다. 그건 하나의 역할일 뿐. 그는 자신이 학교라는 공간에 있다는 사실을 잊지 않으려 한다.

"식생활 습관을 지도하는 것도 영양사의 역할인데, 그게 수업에서만 이뤄진다고 생각하진 않아요. 먹기 싫은 반찬을 조금씩 먹도록 권유하고, 낯선 음식을 접해 보도록 만드는 일도 교육이라고 생각해요. 다른 사람을 생각해서 적정량을 먹는 거, 내가 먹은 음식은 책임지고 치우는 거. 이런 게 식생활 예절인 거죠."

이런 교육은 영양사 혼자 팔 걷어붙이고 할 수 있는 게 아니다. 배식 시간은 짧고, 식당에는 혈기 넘치는 학생 수백 명이 있다. 영양사 한 명이 배식 지도를 감당할 수 없다. 학급 담당 교사들의 손을 빌려야 하지만, 이마저 쉬운 일이 아니다. 그러니 시간은 부족하고, 학생들에게 말 한마디 건네는 일은 고사하고 웃어 줄 여유조차 없을 때가 많다고 했다.

코로나19 시기, 급식실은 인력 부족의 최고점을 찍었다.

"그때는 수저 하나조차도 다 영양사와 조리사 선생님들이 집어서 건네 줬어요. 감염 염려 때문에 여러 사람 손이 닿지 않게 하려고."

팬데믹 같은 시기가 오면 급식실엔 인력 부족이라는 네 글자가 더 도드라진다. 그리고 영양사는 언제나 인력 부족이다. 단 한 명이니까. 급식실 운영을 책임지는 한 명이 하는 일에는 급식 제공뿐 아니라, 우유 급식 관리, 원산지 표시, 식재료 재고 파악, 급식 만족도 조사 및 보고, 무상급식 정산 자료 작성, 가정통신문 작성 및 배부, 식생활 교육, 영양 상담, 급식 예산 운용, 학부모 모니터링, 급식소위원회, 급식 기기 관리 및 시설 개선, 급식실 인력 관리까지 있다. 급식실 운영이라 통칭하기엔 그 안에 담긴 업무가 방대하다.

"우리의 권한이나 책임의 범위를 넘어서는 것까지 계속 요구가 오는 거죠. 급식에 관련된 거는 무조건 다 영양사한테 맡겨지는 거예요. 당신이 급식실 총괄이잖아. 급식실 안전 관리·위생 관리만이 아니라, 조리사분들 인건비 계산이 영양사에게 넘겨지기도 해요. 조리사 연차(급여)가 부족하게 나왔어요. 그러면 그 소통도 영양사가 해야 하고. 학교는 조리사분들과의 소통을 직접 하려 하지 않아요. 무조건 영양사를 거쳐 가려고 해요."

한 실태 조사에서 '매일같이 초과근무(야근)를 한다'고 응답한 영양사가 절반 가까이 되었다.[8] 열 명 중 여덟 명의 영양

---

[8] 2023년 전국 교육청 산하 유치원과 초·중·고·특수학교에서 근무하는 영양사(응답자 1,044명)를 대상으로 진행한 '학교 영양사 근무 여건 실태 조사'에 따르면, 하루 평균 9시간 이상 일한다고 응답한 이가 39퍼센트를 넘어섰다. 장시간 노동 과정에서 연차·병가를 자유로이 사용하지 못한다고 응답한 이도 42.2퍼센트였다. 응답자의 32.5퍼센트는 시간외 근무 수당을 지급받지 못한다고 했다. 영양사의 고유 업무가 아님에도 수행하는 업무에 대해서는 산업안전보건 관련 업무, 대체 인력 직접 구인, 우유 급식 업무, 급식실 환경 개선 및 시설·전기공사 관여 등을 답했다.

사는 '업무가 과하다'고 답했다. 영양사가 급식실 전기공사 관리부터 조리사 결원 시 조리 업무에까지 투입되는 것이 현실이다. '영양 전문가'라는 말이 무색하다.

"너무나 다양한 역할을 요구받는 게 영양사라는 직업이라, 때로 부담스럽고 도망치고 싶은 순간도 있었거든요."

예전에 만난 학교 급식실 조리사는 자신이 다듬는 식재료가 너무 신선해서, 푸릇푸릇한 모습이 그렇게 예쁠 수가 없다고 했다. 좋은 재료를 사용해 건강한 음식을 학생들에게 내준다는 자부심이 있다고 했다.

"정부에서 '친환경 유기농 식재료를 쓰시오.' 한다고 하루아침에 품질 좋은 식재료가 급식실로 오는 게 아니거든요. 영양사 선생님들이 10년, 20년 동안 급식을 운영하면서 시장조사하고, 단가표를 비교하고, 정보 교류도 하고, 교육 연수도 받고. 그렇게 쌓아 온 노하우를 바탕으로 좋은 식자재가 들어오는 거죠."

무언가 좋은 것이 있다면, 그 뒤에는 반드시 누군가의 노동이 있다.

보람과 자부심

　인터뷰를 마무리하며, 이희원에게 학생들에게 전하고 싶은 말을 청했다.

　"사람마다 음식 취향은 다 다르지만, 단체 급식은 누구 한 사람에게 맞출 수 없단다. 급식은 급식다운 게 가장 좋은 거라고 생각해 주렴. 영양사 선생님은 너희의 건강과 위생을 최우선으로 하고 있어. 그 마음을 알아 주면 좋겠어."

　정말로 영양사 선생님이구나 싶었다. 하지만 1년 후 다시 만났을 때, 그는 더는 영양사 선생님이 아니었다. 일을 그만두었다고 했다. 예상치 못한 일은 아니었다. 과도한 업무량, 무거운 책임, 경계가 불명확한 업무 배분이 지속되면 사람은 오래 일하지 못한다. 퇴사 소식을 들으며 나는 그가 해 준 입사 초기 이야기를 떠올렸다. 사흘에 한 번 꼴로 눈물을 지었다고 했다. 2000년대 초반, 학교 급식실 직영 운영 초창기였다. 선임 영양사도 없는 학교에 신입 영양사가 배정됐다. 막막했지만 손 놓고 있을 수는 없었다. 밥때를 기다리는 수백 명이 그의 앞에 있었다. 1년이 지나자 학생들이 무엇을 먹고 먹지 않는지 눈에 들어오더란다. 3년이 지나니 급식 운영 흐름이 보였다. 그리고 10년이 지났다. 숙련은 늘었지만 자부심이 늘어난 것은 아니었다.

"그래도 학교에서 일하지 않았다면, 제가 어디서 그렇게 아이들을 만나고, 감사하다는 말을 듣고 그랬겠어요. 학생들이 자라는 데 조금이나마 보탬이 되었다는 걸 생각하면, 좋았던 기억이에요."

학생들의 식습관 개선과 영양 제공이라는 학교급식법의 취지를 지키고 싶었던 선생님 한 명이 그렇게 학교를 떠났다.

"학생들이 즐겁고 행복한 급식 시간을 누릴 수 있는 건, 보이지 않는 곳에서 자신의 일을 묵묵히 해내는 영양사 선생님들이 있기에 가능한 일이에요. 사고 없이 그날 하루가 무사히 끝났음에 감사하며 살아가는 겸손한 이들이 있기에 학교급식이 운영될 수 있다는 사실을 잊지 않을 거예요. 아무도 몰라주더라도 스스로가 자부심을 가지고 우리의 일을 알려 나가는 것을 포기하지 않길 바란다고 마음을 전해요."

특식이 나오는 기준은 무엇인가요?

우선 '특식'이 뭘까 생각해 봤어요. 교육청에서는 한식 전통 상차림을 중심으로 교육 급식 방침을 세우고 있어요. 밥, 국, 김치 포함 3찬을 기본으로 하죠. 특식이란 일품 요리같이 평소 잘 먹지 않는 요리를 뜻할 텐데, 조리사분들 대부분이 한 가정의 어머니이십니다. 가정에서 잘 먹지 않는 생소한 요리를 할 때 어려워하세요. '도대체 그게 뭐냐, 먹어 본 적도 들어 본 적도 없는데' 하는 요리도 있어요. 식문화도 세대 차이를 겪는 거랄까. 특식 주찬 당번으로 걸리는 날엔 까딱하면 실패할까 봐 영양사나 조리실무자들이나 아침부터 초긴장, 무사히 끝나고도 녹초가 됩니다. 그래서 일주일에 한두 번 정도 편성하게 됩니다.

이런 현실적인 이유도 있지만, 먹는 사람 입장에서도 마찬가지예요. 아무리 맛있는 음식이라도 매일 먹으면 질리잖아요? 어쩌다 한번 먹어야 학생들도 새롭게 느끼고 특별하게 생각하는 것 같거든요. 매일 특식을 준다면 특별한 날을 기다리는 특별함을 누릴 기회를 빼앗는 것이라는 생각이 들기도 하네요.

영양사 선생님이 좋아하는 음식도 메뉴에 반영되나요?

영양사가 좋아하는 식단으로만 구성한다면 그건 권한 악용이 아닐까요? 하지만 아무래도 영양사가 맛없다고 생각하는 음식을 식단에 자주 넣진 않을 것 않네요. 제 경험을 보면, 학생들이 잘 먹었던 메뉴를 자주 넣어 줬던 것 같아요. 또 선생님들이 지나가는 말로 "영양 쌤~ 아까 그 메뉴 이름 뭐야? 맛있더라." 같은 말도 은연중에 기억나는 편이고요.

왜 급식비를 무상으로 하는 건가요? 각자 돈을 내고 더 맛있는 걸 먹으면 안 되나요?

무상급식은 2011년 서울시 몇몇 학교에서 시범적으로 도입된 후 점차 전국적으로 확대되었어요. 그전까지는 학교급식도 수익자 부담 원칙(공공 시설이나 서비스 비용을 혜택을 받는 당사자가 부담해야 한다는 원칙)에 따라 운영되었고요. 당시 급식 단가가 1식당 3,000원 정도였는데, 계산하면 학기별로 20만 원 정도의 돈을 내야 하는 거였죠. 1,000여 명 학생 중 미납자가 몇백 명씩 되었고 연말까지 급식비를 못 내는 학생들이 존재했죠. 납부를 독촉해야 하는 사람도, 납부하지 못하는 처지를 설명해야 하는 사람도 모두 곤혹스러웠어요. 무상급식 정책이 도입되어서 예산 과부족 염려 없이 계획적으로 식품 구매를 할 수 있게 되었고, 어려운 가정의 학생과 학부모들에게 급식비 독촉을 하지 않아도 되었죠. 학생들로서도 눈칫밥을 먹지 않아도 되었고요. 학교도 납부 독촉에 소모하던 시간과 에너지를 학생들에게 줄 좋은 식재료를 선정하고 아이들이 좋아할 만한 식품이 뭘지 연구하는 데 투입할 수 있게 되었고요.

학교에는 돈이 없어서 밥 한 끼를 못 먹거나 눈치 보고 상처받는 학생이 있어서는 안 됩니다. 학교는 가정 형편이 넉넉한 일부 학생들만 호화로운 음식을 즐기는 것을 우선으로 하는 곳이 아니라, 모두가 감사하는 마음으로 밥을 먹고 몸을 건강하게 성장시키는 곳입니다. 그리고 저는 학교를 졸업하고 사회생활을 시작하고 나니 급식이 그리워지더라구요. 매일매일 식당 가서 사 먹는 것도 한계가 있고, 그것도 질리는 날이 왔을 때 이렇게 생각하게 될 거예요. '아, 학교 다닐 때 먹었던 급식이 좋았는데…'라고요.

④ 학교가 끝나고 난 뒤

방과후수업 강사
김누리

김누리는 읽고 쓰기를 사랑하는 학생이었다. 그리고 학교 가는 걸 무척 싫어하는 학생이기도 했다.

"학교 다닐 때 만난 친구들은 제 직업을 들으면 놀라요. '학교를 그렇게 싫어했는데 학교에서 일한다고?' 이러면서요."

그래, 선생님이라고 다 학교를 좋아했던 건 아니다. 어릴 적 그에게 학교는 꽉 막힌 공간이었다. 솔직한 마음을 풀어낼 공간은 하얀 종이뿐. 그래서일까. 자신과 같은 상황에 놓여 있을 청소년들을 대상으로 글쓰기 교육을 하고 싶었다. 대학원에서 문예비평을 공부하면서 학원에서 국어를 가르쳤다. 하지만 학원은 시험 성적이 가장 중요한 곳. 그가 원하는 수업을 할 수는 없었다. 그러다 방과후수업 강사를 해 보면 어떻겠냐는 제안을 받았다.

> 방과후학교는 학생과 학부모의 요구와 선택을 반영하여, 수익자부담 또는 재정 지원으로 이루어지는 정규 수업 이외의 교육 및 돌봄 활동으로, 학교 계획에 따라 일정한 기간 동안 지속적으로 운영하는 학교 교육활동이다.
>
> ―「방과후학교운영길라잡이」, 교육부, 2023.[9]

이름을 외워 주는 일

 "새 학기 앞두고 이력서를 넣었는데 소식 없이 지나갔어요. 그러다가 2학기 시작할 즈음 갑자기 연락이 온 거예요. 인문학 수업을 해 주시면 좋겠다고."

 갑작스러운 연락임에도 기뻤다. 하지만 그날 저녁에 마주한 뉴스는 한순간에 그 설렘을 빼앗아 갔다.

 "뉴스를 보는데 너무 놀랐어요. 서이초 교사 사망 사건이 나온 거예요. 순간 겁이 나더라고요. 학교라는 게 과연 어떤 곳이지? 저는 학교에 일하러 가는 게 처음이니까요."

 부당한 업무와 악성 민원에 시달리던 교사가 세상을 떠났다는 언론 보도를 보며, 그는 자신이 학교에서 겪을 일을 예

---

[9] 현재 방과후학교는 교육부 고시와 교육부 운영 길라잡이에서 적시한 내용을 근거로 운영되고 있다. 하지만 방과후수업 강사 채용에 대한 구체적인 법적 근거가 없다는 지적이 나오고 있다.

상하기 어려웠다. 학교에 관해선 학생으로서의 경험밖에 없었다. 좋은 선생님도 있었고, 그렇지 않은 교사들도 있었다. 그뿐이었다.

"친구랑 주변의 교사들에게 조언도 구하고 그랬어요. 그래도 긴장이 되는 건 어쩔 수 없더라고요."

하지만 그에게 주어진 건 수업 준비만으로도 빠듯한 시간. 심지어 김누리에게 요청된 수업은 '글쓰기'가 아니었다. 인문학 강의가 맡겨졌다. 촉박한 일정 앞에서는 긴장도 한갓진 감정이었다. 어느새 수업 첫날이 됐다.

"전주 외곽에 있는 조그마한 초등학교였어요. 한 학년에 한 반밖에 없고, 그 반의 인원도 스무 명이 채 안 되는. 폐교될 뻔하다가 어울림학교[10]로 지정되면서 문화·예술 교육을 활성화하려 하는 학교였어요. 그래서 인문학 수업도 생긴 거죠. 막상 갔더니 학교도 너무 예쁘고 새로운 선생님이 왔다고 아이들도 환영해 주니까, 엄청 좋았어요."

학교가 단박에 좋아졌다. 그간의 걱정이 무색할 정도였다. 대신 전혀 예상치 못한 다른 어려움이 닥쳤다.

"제가 사람 이름을 못 외워요. 출석부를 계속 봐도 잘 안되

---

[10] 학생 감소로 인해 학사 운영에 곤란을 겪는 농어촌 지역 학교 가운데, 교육 여건 및 인적 인프라 확충을 통해 도농 간 교육 격차를 완화할 수 있도록 다양한 특성화 프로그램을 운영하는 학교다. 전라북도교육청에서 2014년부터 운영하고 있다.

는 거예요. 학생 얼굴 보면 딱 이름이 나와야 하는데, 안 되는 거예요. 자기 이름을 모르면 애들이 무척 서운해하거든요."

반 학생 대부분이 방과후수업을 들었다. 학년별로 스무 명 남짓이니 그 수가 꽤 된다. 그러니 이름을 외우는 일이 분명 쉽지 않을 법하지만, 서운해하는 학생들 앞에서 그건 그저 변명이 되고 만다.

"이제는 아이들 특징이나 에피소드로 외워요. 이름이랑 얼굴을 매치하는 게 아니라. 이 아이는 그때 나를 대신해 문을 열어 주었던 아이, 그런 일을 한 아이 이름은 모 땡땡, 이런 식으로요."

누군가를 가르친다는 건 단순히 교탁 앞에 서서 지식을 설명하는 일이 아니었다. 이름 외우기처럼 소소한 듯하지만 수업 분위기를 좌우하는 일이 여럿 따라왔다.

"학교에 와 보니 선생님들이 혼자 많은 걸 감당하고 있다는 생각이 들더라고요."

대학을 졸업하고 교사 지인들이 생기며 학교가 누군가에겐 직장이라는 사실을 새삼 알게 됐다. 그래서일까, 학교에서 일을 하게 되니 피로해 보이는 선생님들의 얼굴이 눈에 들어왔다. 학생 때는 보지 못한 그림자였다.

"가르치려고 와서야 학교가 생각보다 더 많은 노동이 모이는 곳이라는 걸 실감해요."

세계를 여는 시간

"학기 말은 정말 힘들었어요. 방학을 앞두고 아이들 분위기가 완전히 풀린 거예요. 수업 시작하자마자 떠드는데 감당이 안 되더라고요. 내가 수업을 제대로 못 하나 보다. 좀 자괴감을 느꼈어요. 하루는 다른 정규 교사가 와서 '힘드시죠?' 하는 거예요. 지금은 선생님이 아무리 노력해도 아이들이 집중 못 하는 시기라고, 다른 수업들도 그렇다고 하더라고요."

일주일에 두세 번, 서너 시간 수업하는 일도 이토록 힘에 부치는데. 종일 교실에서 지내는 다른 이들의 노고를 생각하게 됐다. 방학이 되니 교실은 더 시끌벅적했다.

"학기 중엔 학생들이 좀 봐준 거군요."

농담을 건네니 그가 웃는다. 그래도 내내 즐거웠단다.

"아이들을 가르칠 때 힘을 받아요. 제가 더 많이 배우는 느낌이에요. 질문을 많이 하면서 수업하는데, 아이들은 정말 상상도 못 한 답을 하거든요. 틀에 갇히지 않은 세계를 보면서 제 세계도 같이 열리는 기분이 들어요."

학생들에게 오히려 배운다. 가르치는 사람들이 자주 하는 말이다. 내 쪽에선 들을 때마다 어떤 의미인지 궁금해지는 말이기도 하다.

"학생 둘이 싸운 날이 있었어요. 그걸 어떻게 알았냐면, 반 아이들이 자꾸 눈치를 보더라고요. 두 명이 싸웠을 뿐인데 반 전체 분위기가 안 좋아진 거죠."

수업을 진행할 수 없었다.

"이대론 안 되겠다 싶어서 조금 위험한 시도지만 '선생님이 너희를 화해시켜 주고 싶은데 무슨 일이 있었는지 알려 주면 좋겠어. 상황을 이야기해 줄 수 있니?' 했어요."

다행히도 싸운 학생들이 동의해 주었다. 그때의 상황을 설명하는 연극 아닌 연극이 시작됐다. 반 친구들도 소품을 제공하고 대신 사건을 말해 주는 등 여러 방식으로 동참했다.

"아이들 저마다 화해하는 과정에 협조한 거예요. 싸운 이유는 사소한 오해더라고요. '친구가 너를 미워해서 그런 게 아니야. 오해였어.'라고 하니까 꾹 참고 있던 상대 학생이 울음을 터트렸어요. 우는 건 창피한 일이 아니라고, 속상한 마음을 알리는 것도 용기 있는 행동인데 말해 줘서 고맙다고., 그리고 화해할 마음이 있으면 둘 중 하나를 하자고 두 친구에게 제안했어요. 악수하기 아니면 서로 10초 동안 눈 마주치기."

두 친구가 무엇을 선택했을지는 상상에 맡긴다.

"너무 사랑스럽기도 하고, 좀 놀라기도 했어요. 30분도 채 되지 않는 시간에 잘못을 인정하고 사과까지 한 거예요. 마음을 열어 주더라고요. 저라면 그러지 못했을 것 같거든요. 나도 못 하는 걸 아이들에게 가르치려고 했구나. 그런데도 아이들은 나를 믿고 따라 줬구나. 고마웠어요. 그때 친구들이 보여 준 태도는 제가 두고두고 배워야 할 자세라고 생각해요. 잘못을 인정하고 사과하는 일. 그걸 제대로 못 하는 성인들도 많잖아요."

'다 자란' 취급 받는 성인의 자리에서 김누리도 하나둘 배워 나갔다. 이제 가르치는 일에 관해 이야기해 보자.

"일하러 오라는 전화를 받고, 내색하진 않았지만 초등학교에서 인문학을 어떻게 가르칠지 고민이 들더라고요. 저도 인문학이란 말을 고등학생 때 처음 들어 봤거든요."

인문학, 인간과 문화를 대상으로 하는 학문이다. 먼저 '인간을 공부한다'는 게 무슨 의미인지 설명해야 한다. 우리가 왜 이 공부를 해야 하는지도 설득해야 하는데, 꽤 어려운 일이다. 심지어 대상은 초등학생들이다.

"제가 정의 내린 인문학은 '대화하는 공부'였어요. 첫 시간에 한 말이, '우리는 가족이나 친구 혹은 더 다양한 사람과 만나고 관계 맺으며 사는데 서로 마음을 모른다. 인문학은 그런 마음을 들여다보기 위해 하는 공부다. 사람의 마음을 들여다보려면 그 마음을 둘러싼 사회도 둘러봐야 한다. 우리는 사람과 사회를 함께 공부할 거다.'"

대화하는 수업이었지만, 그런 방식에 익숙하지 않은 학생들이었다. 처음에는 선생님이 하는 질문의 정답을 맞혀야 하는 수업 정도로 생각했다고 한다. 정답을 말하는 건 어려우니 쭈뼛거렸다.

"'선생님이 엄청 많이 물어볼 건데 정답이 아니어도 상관없다. 선생님도 모르는 걸 물어보는 거니까 솔직하게 편히 말해 주면 좋겠다. 그래야 선생님이 너희 마음을 알고, 너희도 선생님의 마음을 알아서 우리가 수업을 잘할 수 있다.' 그렇게 말했는데 나중에 돌아보니 인문학 수업에서 가장 중요한 게 그 부분이었어요. 서로 묻고 말하는 사이에 솔직해질 수 있는 용기요."

어느새 학생들은 질문하지 않아도 스스로 생각을 말하게 됐다. 대화가 이뤄졌다. 생각을 글로 써서 보여 주는 학생들도 있었다.

"글을 보면 기상천외한 답도 많았어요. 저는 그 답에서 힌트를 얻어 다음 수업을 준비하고, 나중에는 교재 없이도 학생들과의 관계 속에서 학습 주제가 만들어졌어요."

"좋은 선생님이네요."

내가 말하자, 그는 되돌린다.

"좋은 학생들이었어요."

바람개비 길을 지나며

선생과 학생 모두 기대와 열의에 차 있던 가운데 다음 해에는 더 멋진 수업이 기다리고 있으리라 믿었는데, 방학을 앞두고 연락이 왔다. 예산이 삭감되어 폐강한다는 이야기였다.

"인문학뿐 아니라 교과와 직접 연계된 과목이나 코딩 같은 IT 계열 수업이 아니면 거의 사라졌더라고요."

새로운 수업을 찾아야 했다. 인문학 수업을 개설한 학교는 없었다. 아이들과 대화하며 넓혀 가던 세계를 잊지 못해 그는 독서논술 과목을 지원했다.

"그런데 독서논술 수업이 더 힘들었어요. 독서논술은 일단 글을 읽고 쓰는 걸 전제하니까. 부모님들도 그걸 기대하고 아이를 보내시니까요."

'읽기와 쓰기 실력의 향상'이라는, 외부에서 지정해 준 목표는 분명했으나 그 목표를 달성하기 위한 적절한 여건은 갖춰지지 않았다. 무엇보다 한 교실에 여러 학년이 함께 모여 있었다.

"1학년과 2학년만 해도 1학년이 읽을 만한 책을 가져가면 2학년은 지루해하고, 2학년에게 맞는 책을 골라 가면 1학년은 못 따라오는 거예요."

수업이 될 리 없다. 고학년 반으로 올라갈수록 그 편차가 더 커진다. 4학년과 6학년이 읽고 관심을 가질 만한 책은 완전히 달랐다. 활동지를 활용하는 등 다양한 방식을 도입했지만 자꾸 한계에 부딪혔다. 학교 안에는 이 문제를 상의하거나 고민을 나눌 만한 동료도, 수업 전반을 점검하는 담당자도, 기준으로 삼을 체계도 없었다. 그가 방과후수업을 하고 있기 때문이다.

전국에 12만 명의 방과후수업 강사가 있다고 한다. 방과후수업의 역사도 제법 길다. 1990년대부터 특기적성교육, 교과보충수업 등의 이름으로 존재하다가 2005년 방과후수업으로 명칭이 정립됐다. 통틀어 보면 30년쯤 운영되었는데도, 여전히 방과후수업 운영 방식은 지역과 학교에 따라 천차만별이다.[11] 운영에 따른 법적 근거도, 운영 체계도 없다. 이런 상황에서 강의 내용에 대한 실질적인 지원을 바라는 건 꿈같은 소리다.

학교마다 운영 내용은 제각기 다르지만, 딱 하나 공통점이 있다. 방과후수업은 말 그대로 '정규 수업 밖의 것'으로 여겨진다는 사실이다. 김누리만 해도 위탁업체 소속이다. 방과후수업 강사를 학교로 파견 보내는 업체가 따로 있다. 학교 안에서 학생들을 가르치지만, 외부 업체가 보낸 외부인으로

---

[11] 『꿈꾸는 유령 방과후 강사 이야기』, 김경희, 호밀밭, 2021.

서 일한다.[12]

"인문학 수업을 할 때는 과학실을 빌려 썼어요. 이번에는 영어 교실을 빌려 써요. 처음에는 수업 준비도 하고 출결 일지도 쓰려고 20분 정도 일찍 학교에 갔거든요. 그런데 제가 일찍 가면 원래 그 교실을 쓰는 영어 선생님이 자리를 비켜주셔야 하는 거예요. 저 수업하시는 동안 어디 있으시냐고 물어보니까, 교내 여기저기를 떠돌고 계신다는 거예요. 일찍 갈 수가 없더라고요. 그러니 저는 저대로 급하게 수업을 준비하게 되죠."

수업을 하고 있는 도중에 교실 주인이 교실을 오가는 일도 빈번하다. 그럴 때마다 '방과후'라는 수업의 위치를 깨닫게 된다.

"학교가 요구받는 기능이 다양해지면서 필요로 하는 직

---

[12] 2024년 기준 교육부 통계를 보면, 방과후학교와 늘봄학교의 강사 외부위탁 비율은 서울 76.2퍼센트, 인천 68.6퍼센트, 전북 75.1퍼센트, 울산 86퍼센트, 충남 44.7퍼센트에 달한다(도입 시점을 애초 계획보다 1년이나 앞당긴 늘봄학교의 경우, 강사 인력을 급하게 마련하기 위해 위탁업체로 강사 채용을 외주화하는 경향이 더 크다). 방과후수업 강사 계약이 민간업체 위탁으로 전환되면서, 위탁업체는 수수료 명목으로 강사료의 일부를 가져간다. 이마저 명확한 기준이 없어 같은 수업을 하고도 수입에 차이가 난다. 경기 지역 방과후 강사 노동조합의 조사에 따르면, 방과후수업 강사들의 채용이 직영이 아닌 위탁업체로 전환되는 경우 시간당 급여가 최대 25퍼센트(3만 2,000원→2만 4,000원) 줄어든다고 한다. 2022년 서울의 모 학교에선 방과후수업 강사들이 학부모들의 지지를 이끌어 위탁업체 전환을 막아낸 사례도 있었다.

군은 점점 많아지는데, 그 인력을 적절하게 양성하는 게 아니라 '바깥에서 사람 끌어오면 끝'이라고 여기는 듯한 느낌을 받아요. 자리가 너무 쉽게 생기고 없어지니까 누군가는 그 자리를 가볍게 낮춰 여기고, 안에서는 충분한 책임감을 느끼거나 최선을 다하기 버거워지는 구조에서 다 같이 힘들어지는 것 같아요."

교육과 돌봄 사이의 애매한 자리, 방과후수업이 그곳에 놓인 외딴섬처럼 느껴질 때가 있다. 그건 학교가 책임지려 하지 않는 자리이기 때문이다. 정규 교사 일부를 제외하고 대부분이 기간제, 방과후, 특기적성, 파견강사 등 다양한 이름을 달고 '바깥 사람'으로 학교를 오간다. 이들을 아우르는 명칭은 '교육활동참여자'이다. 어떤 이름으로 불리건 그저 '참여자'라 분류되는 사람들. 그러나 명칭이 무엇이건 그는 학교에서 가르치는 사람이다.

"수업이 제대로 안 될 때면 자책감이 들기도 해요. 애들한테 지금 뭐 하고 있나."

김누리는 가르치는 사람으로서 홀로 수업을 움켜쥔다. 학교는 일하는 사람이 참 많은 곳이지만, 정작 학교의 일원이라는 소속감을 가지고 일할 수 있는 사람은 적다. 그 소속감을 찾기 위해 학교에서 일하는 사람들은 목소리를 내고 단체(노동조합 등)를 만들고 직접적인 문제 제기를 하기도 한다. 방과후수업 강사들도 꾸준히 목소리를 내고 있다.[13] 왜냐하면 이곳이 좋으니까. 학교라는 공간에 오래 머물고 싶으니까.

"지난번 학교에선 4학년 아이가 하굣길을 저와 함께하고 싶어 했어요. 늘 수업이 끝나고 제가 뒷정리를 마칠 때까지 기다리는 거예요. 과학실에서 스쿨버스 타는 데까지 5분도 안 걸리거든요. 그 짧은 시간을 아이랑 수다를 떨면서 갔어요. 중간에 바람개비 길을 지나는데 그 길이 참 좋더라고요. 실없는 수다일 뿐이지만 그래서 너무 재미있고. 지금도 가장 그리운 풍경이에요."

학교를 싫어했던 아이가 학교를 좋아하는 선생님으로 자랐다. 학교에는 여전히 어린이가 있고, 배움이 있다. 그는 지금도 학교에서 배우는 중이다. 어쩌면 자신이 학생이었던 시절보다 더 많은 것을.

"가르치면서 편견도 많이 깨졌어요. 내가 아이들을 너무

---

[13] 방과후수업 강사들이 노동조합을 만들며 낸 성명서의 일부를 가져온다. "우리는 방과후학교가 사교육이라는 생각을 가져 본 적이 없다. 교과교육과 함께 공교육의 한 축을 이끈다는 큰 자부심으로 여기까지 왔다. 그러나 학교 현장에서는 방과후학교 업무를 가능한 회피하려 하고, 책임을 지지 않으려 하며, 방과후학교 강사를 사교육업자, 학원 강사 정도로 보는 시각이 만연하다. (…) 지금부터라도 방과후학교가 교과교육과 양립하는 공교육의 한 축임을 인식하고 방과후학교 강사들을 학교에서 함께 일하는 가족과 같은 노동자로 간주하여 책임 있는 운영과 합당한 대우를 할 것을 요구한다." (2021. 4. 2. 민주노총 공공운수노조 전국방과후학교강사지부)

깨끗한 존재로만 봤구나. 아이들도 냉소적이고, 이기적이고, 공격적인 면이 있어요. 그런데도 투명한 거예요. 저는 그 투명함을 볼 때 위로받아요. 아이들 곁에 같이 있어 주고 싶은 마음이 계속 드는데, 그 나이 때 저마다의 고민이나 외로움이 있잖아요. 저는 주변에 말을 못 하고 그 시기를 혼자 견뎠는데, 아이들이 제게 와서 이런저런 말을 해 주면 직접 도와주지는 못해도 '나한테라도 말해서 좀 다행이다.' 하는 생각이 들어요."

어떠한 시기를 거쳐 지금의 김누리가 있다. 지금의 그처럼, 아이들도 오늘을 거쳐 내일의 '잘 지내는 나'를 만날 테다.

"아이들이 지나는 이 시간을 마음껏 응원하고 지지하고 싶어서 학교에서 일하는 것 같아요. 앞으로 아이들이 더 잘 지낼 수 있을 거라는 믿음이 어린 시절의 저를 위로해 주기도 하는데, 이게 말로는 설명이 잘 안 되네요."

사람끼리 주고받는 위로는 말로 설명할 수가 없다. 논리적이지도 않다. 그러니 인간을 탐구한다는 인문학이 어려운 공부가 아닐까. 마지막으로 그에게 꿈을 물었다. 어린이만 꿈이 있는 건 아니니까.

"글방을 만들고 싶어요. 청소년들이 자기 생각을 글로 쓰는 일을 돕고 싶거든요. 그게 주된 직업은 아닐지라도, 인생의 한 부분은 그 일과 엮이고 싶어요."

방과후수업 강사 - 김누리

선생님도 방과후수업을 들은 적이 있나요? 어떤 수업이 기억에 남나요?

중학교 때 방송 댄스 수업을 들었어요. 아마 다른 수업들도 더 들었던 거 같은데, 이상하게 지금 기억나는 건 그 수업뿐이네요. 주변 사람들이 들으면 깜짝 놀랄 얘기지만, 저는 어릴 적부터 춤을 좋아했고 그 무렵에는 매일 집에서 인터넷 영상을 켜 두고 남동생과 춤을 연습하는 게 취미이기도 했죠. 그런데 문제는, 제가 몸을 쓸 줄 모른다는 거예요. 아마 그 수업에서도 진도를 따라가지 못해 쩔쩔매며 이름도 자주 불리고 가장 주목받는 학생이었기 때문에 좀처럼 잊히지 않는 거 같기도 하고요.

하지만 그렇다고 해서 그 시간이 부정적인 기억으로 남아 있는 건 전혀 아니에요. 저조차도 남들보다 속도가 늦은 나를 답답해할 때, 선생님은 저를 더 세심하고 다정하게 살펴 주셨거든요. 제 몸을 이리저리 끌어 주시던 선생님의 따뜻한 손길이 아직도 기억에 남아 있어요. 선생님이 보고 싶어서 학교 일과가 빨리 끝나기를 손꼽아 기다렸던 날들도 많았고요. 돌아보면 선생님의 그러한 보살핌 덕분에 유일하게 잊지 않게 된 수업 같네요. 지금의 저는 춤과 아주 많이 멀어진 어른이 되었지만, 저를 격려해 주신 선생님께 뒤늦게나마 감사를 전하고 싶어요.

학년이 다 다른데 수업 준비는 어떻게 하나요?

매달 학교에 제출하는 월간계획서가 있었지만, 평소 수업에서 아이들이 꺼내는 말들을 경청하며 거기서 나온 의견들을 되도록 가까운 시일 안에 반영하여 다음 수업을 유연하게 꾸려 가고자 했어요. 사실 인문학이나 독서논술 과목은 아이들이 듣고 싶어서 신청하기보다, 부모님이 필요를 느껴 신청하는 경우가 대부분이거든요. 그러다 보니 무작정 수업을 진행하기에 앞서, 제가 가르치려는 과목의 뜻을 이해시키는 데서부터 짧지 않은 시간을 들여야 했고요. 학생들이 거부감을 덜 느낄 수 있는 분위기를 끌어 주는 게 중요하다고 느꼈어요. 예를 들어 '사람책(책 대신 자신의 경험이나 지식을 가진 사람과 직접 만나 대화하는 방식으로 정보를 공유하는 새로운 개념의 도서관 서비스)'을 주제로 수업한 적이 있는데요, 국내외에 실제로 존재하는 '사람책 도서관'에 대해 충분히 조사한 뒤, 도서관이라는 곳에 흥미를 느끼지 못하는 아이들에게 신선한 경험을 선물해야겠다는 각오를 담아 수업을 꾸렸어요. 우리만의 도서관을 함께 직접 상상하고, 내가 도서관에서 읽고 싶은 사람 같은 다양한 생명의 마음을 공부해 표현했죠. 그러고 나서 다음 수업 때, 학교 도서관에 처음으로 가 봤다는 아이들의 반가운 소식을 듣게 되기도 했어요.

방과후수업 강사 - 김누리

학생들에게 가장 가르쳐 주고 싶은 건 무엇인가요?

 '나'의 생각을 자유롭게 표현하는 힘을 가장 공들여 가르치고자 했어요. 다만 초반에는 아이들에게 쓰고 말하는 것을 더 많이 강조하다가, 시간이 흐를수록 읽고 듣는 것에 더 주목하게 되었어요. 보통 '표현'이라고 하면 바깥으로 꺼내는 것만 떠올리기가 쉽지만, 꺼내기 위해서는 뭔가를 그만큼 들여와야 하잖아요. 무엇보다 내가 쓰고 말하는 이야기를 전하려면 누군가 그만큼 잘 읽어 주고 들어 주어야 하죠. 그렇게 아이들이 서로 편안하게 생각을 나눌 수 있도록 경청하는 태도의 중요성을 거듭 강조했어요. 제가 가르치는 수업뿐만 아니라 평소 학교생활을 이루는 교우 관계, 또 학교 밖에서의 그 모든 삶에 꼭 필요한 태도일 거라는 믿음이 있었거든요. 돌이켜 보니, 그것이야말로 '교육'과 '돌봄'이 혼재된 방과후수업 현장에서 제가 추구했던 교육적 지향점을 실현할 수 있는 절충안이었던 것 같아요. 또 이렇게 말하고 보니 어쩌면 제게 가장 중요했던 것은 '대화'였는지도 모르겠네요.

⑤ 우리 그린 히어로, 선생님

보건교사
이향자

"저는 국민학교('초등학교'의 전 용어) 때 양호 선생님이 없었어요. 중학교 때는 있었던가? 그 선생님이 우유 급식도 나눠 주고, 애들 아프면 양호실 가서 좀 누워 있는 거 보고 그랬던 거 같아요."
보건교사 이향자는 양호실로 불렸던 곳의 기억을 소환한다.
"학교 다닐 때 매년 예방접종을 했잖아요. 아마 양호 선생님이 해 주셨겠죠?"
"맞아요. 예방 주사라고 해서 불주사(결핵 예방 주사)도 맞고 그랬으니까요."
그때 기억에 양호 선생님은 흰 가운을 입었던 거 같은데, 이향자는 단정한 블라우스 차림새다. 구석에 놓인 시력검사 판과 키 재는 기계는 옛날 그대로였지만, 보건실이 된 지금의 공간은 더 아기자기하다.

> 학교 보건의 목적은 학교의 보건관리와 환경위생 정화에 필요한 사항을 규정하여 학생과 교직원의 건강을 보호·증진함을 목적으로 한다.
> ―「학교보건법」제1조

아픔만큼 마음을 돌보는 곳

시쳇말로 '라떼(나 때)' 이야기다. 그 시절에는 월요일이면 초등학생들을 운동장에 열 지어 세워 놓고 아침 조회를 하곤 했다. 이때 빠지지 않는 것이 훈화 말씀. 교장 선생님이 연단에 오르면 성능이 좋지 못한 마이크가 딸깍 켜지고, 귀를 긁는 날카로운 하울링을 시작으로 '말씀'이 이어진다. 연설은 열 살 남짓 아이들이 지루함을 견디려 신발로 비벼 댄 운동장 바닥이 뽀얀 모래 먼지를 일으킬 즈음이 되어서야 "마지막으로…"에 도달하는데, 결코 이것으로 끝은 아니다. '마지막으로'라는 말은 몇 번이나 거듭 소환된다. 여름날에는 정수리가 뜨끈뜨끈 달아오른다. 그러다가 누구 하나 픽 쓰러지는데, 외마디 비명조차 지르는 이가 없다. 마이크 울림도 멈추지 않는다. 젊은 교사 하나가 달려와 쓰러진 아이를 둘러업고 운동장을 가로지르면, 이벤트는 거기서 끝이 난다. 일사병이었다.

지금의 학교가 이상하다고 하지만, 옛날의 학교도 만만치 않았다.

선생님 등에 업힌 아이가 도착한 곳은 양호실. 1990년대 말에 명칭을 변경해, 지금은 보건실이라고 부른다. 양호실의 역할이 응급처치와 간단한 질병 대처, 위생 관리에 머물지 않음에 따라, '양호교사'라는 명칭도 질병의 예방과 교육, 상담, 정책 이행 등 다양한 보건 활동을 관장하는 '보건교사'로 바뀌었다.

"학생들이 어디가 아파서 많이 오나요?"

질문을 하며 '나 때'를 생각한다. 넘어져 살갗이 까지거나 한 게 아니고서야 좀처럼 양호실을 떠올리지 않았다. 학년이 올라갈수록 더 찾지 않게 됐다. 아프다는 핑계로 조퇴를 하고 싶을 때에도, 우리가 뜨거운 이마를 앞으로 내밀러 달려가는 곳은 교무실이었다.

"아이들은 사소하게 다친 걸로도 많이 와요. 가위질하다가 베이거나, 넘어져 다치거나. 그러고 보니 요즘은 모기 물린 것 때문에 많이 오네요."

"생각보다 자주 찾아오네요?"

"예전에는 '뭐 이런 거 가지고도 오지?' 그랬는데, 지금은 아니에요. 왜냐하면 아이들이 그저 아파서 오는 게 아니라는 걸 알게 됐거든요. 아이들은 '모기 물려서 아팠어요' 말하고,

'가려웠겠다' 하며 관심을 받는 그 따뜻한 손길이 좋은 거예요. 어제는 모기 물려서 오고, 오늘은 멍들었다고 또 와요. 진짜 아파서 올까요? 아니요. 그 아이는 사랑을 받고 싶어서 오는 거예요. 그럼 사랑을 줘야죠."

예전과 다른 것은 보건실 풍경만이 아니었다. 어린 학생들의 마음을 대하는 어른의 마음 또한 달라져야 했다.

"새 학기 시작하고, 매일매일 배가 아프다고 왔던 아이가 있어요. 아침마다 담임 선생님이 꼭 데리고 왔어요. 진짜 배가 아프다기보다 신경성일 텐데, 그렇다고 '꾀병 부리지 말고 교실로 가라'고 하면 아이가 마음이 더 아프죠. 교실로 돌아가도 공부는 안 될 테니, 이불 덮어 주고 '불 꺼 줄까?' 물어봐 주고. 여기를 거의 매일 왔어요."

"계속 지켜봐 주신 거네요."

"그게 아이들을 돌보는 거라고 생각해요. 요즘은 '금쪽이'라고 해서 마음이 아픈 애들 되게 많잖아요. 아이들이 그냥 놀러 오기도 하고 지나가다가 빠끔 쳐다보기도 하고, 그러면 저는 비타민C 같은 거 사 놓고 기다려요. 마음 처치라고 하죠. 정서적인 것도 치료하는 곳이 보건실이라고 생각해요. 교실에선 더하기를 잘하느니, 곱셈을 할 줄 아느니 하는 문제가 중요하잖아요. 그런데 제 앞에선 그런 게 필요가 없잖아요. 저는 그냥 사랑만 주면 되는 거예요. 나 교사 하기 진짜 잘했다,

시간이 갈수록 이런 생각을 많이 해요."

보건실 창밖이 푸릇푸릇하다. 초여름이다. 배가 아프다던 학생은 요즘엔 오지 않는다고 했다. 마음이 치유된 것일까. 어쩌면 십여 년 뒤엔 보건실이 치유실이라는 이름을 가지게 될지도 모르겠다.

좋은 영향을 미치는 사람

25년 전, 그는 병원에서 일하는 간호사였다.

"혈액 종양 내과에 있었어요. 그러다 보니 일주일에 한 번씩은 코드블루(Code Blue, 환자의 심장이 멈춰 심폐소생술이 필요한 응급 상황을 의미하는 비상 코드)라고 해서 응급실로 오라는 알림이 떠요. 가서 의료진들하고 CPR(심폐소생술) 하고, 자동제세동(심장박동 회복을 위해 기계로 환자의 심장에 전기 충격을 가하는 일)도 하고. 일주일에 한두 명씩은 죽어 가는 사람을 보게 돼요."

어릴 적부터 간호사가 되고 싶었다. 그러나 종합병원은 그가 꿈꿨던 세계가 아니었다. 몇 년 후 서울 생활을 정리하고 고향으로 가서 임용을 준비했다. 다른 꿈을 꾸고 싶었다.

"학교로 가면, 쓰러지는 영혼이 아닌 자라나는 아이들의 맑은 영혼을 만나잖아요. 그런 일들을 하고 싶었어요. 꿈을 주는 사람. 어린 영혼에게 좋은 영향을 끼치는 사람이 되고 싶더라고요."

보건교사가 되자, 그는 비로소 병원에 있는 것만 같았다.

"저는 여기를 미니 종합병원이라고 생각해요. 치과, 안과, 소아과, 정신과까지 다 담당하잖아요. 제가 출장을 가거나 자리를 비울 때면 '○○ 초등학교 미니 종합병원 몇 시에 닫습니다. 보건실 이용에 참고하시기 바랍니다.'라고 메신저로 선생님들에게 좍악 뿌려요."

학교에 보건실이 없다는 건 마을에 병원이 없는 것과 같은 일이다. "보건실이 보건복지부이고, 질병관리본부"라는 이향자의 말처럼, 보건실은 팬데믹 같은 전염 위기 앞에서는 컨트롤타워 역할을 하고, 일상에서는 학교 구성원의 건강 증진을 도모한다. 40년 전 학교 보건의 목적은 '건강 계몽, 위생적인 생활'에 머물렀다. 오늘날의 학교 보건은 '자기 주도적인 건강 관리 능력의 함양'이라 하여 학생 스스로가 예방과 관리를 할 수 있는 교육을 지향한다.

"학생들에게 건강하게 사는 것이 어떤 것인지 알려 주고 싶어요."

'건강하게 사는 일'을 알려 주는 기본 통로는 수업이다. 2000년대 들어 보건교사로 명칭이 변경되면서 수업이 의무화되었다. 현재는 최소 한 학년 이상에서 연 17차시 수업이 의무이다. 수업 시수가 많지 않아 보통은 5~6학년을 대상으로 수업이 진행되지만, 그는 욕심을 내어 다른 학년을 수업할 기회를 만든다.

"신입일 때는 욕심도 있고 교육도 하고 싶어서, 전교생 수업을 다 했어요. 병설 유치원 수업까지도 했고요."

아이들을 만나고 싶었단다. 하지만 무작정 수업을 늘려갈 순 없었다. 보건교사는 그 하나뿐이니,[14] 보건실을 오래 비울 수 없는 이유가 컸다. 게다가 보건 관련 수업이 의무화되었다고 해도 학교 시간표에는 여전히 보건 수업이 없다.

"보통 보건 수업 시간이 따로 정해져 있지 않아요. '창체' 아시나요? '창의적 체험 활동'이라고, 자율적으로 수업을 할 수 있는 시간이 있어요. 그 시간을 활용해서 수업을 해야 하는 거예요."

비교과 교사가 풍성한 수업을 할 수 있는 조건은 아니다. 그런데 가르쳐야 하는 내용은 방대하다. 안전, 위생, 환경, 질병, 중독…. 건강에 관련된 모든 내용이 한 권의 교과서에 꽉꽉 눌려 담겨 있다. 초등 5~6학년 보건 교과의 목차를 살펴보

---

[14] 2021년에 개정된 교육부 시행령에 따라 36학급 이상의 과대 학교에는 두 명 이상의 보건 교사를 배치해야 하지만, 여전히 열 곳 중 세 곳에는 보건교사가 한 명뿐이다(2024년 기준). 이마저도 지역별 편차가 크다. 과대 학교가 많은 서울·경기 지역에서는 각각 61.7퍼센트, 57.8퍼센트만이 두 명 이상의 보건교사를 배치한 것으로 확인되었다.

면, 이런 제목들이 눈에 띈다. '질병 예방', '안전과 응급처치', '성 건강', '생활 안전-학교폭력', '건강권과 건강 자원', '성장 발달과 건강검사', '건강 생활 기술', '정서·정신 건강' 등등.

'성장 발달과 건강검사' 편에서는 매년 학교에서 시행하던 건강(신체) 검사의 의미를 알아 간다. '성 건강' 편에서는 임신, 출산의 지식만 알려 주는 것이 아니다. 디지털 성폭력에 대한 내용도 있고, 여자·남자(답게)가 아닌 '나답게' 지내는 법을 알려 주는 성평등 파트도 있다. '건강 생활 기술' 편에선 의사소통하는 법을 배운다. 안전한 환경에서 정서적으로 안정되게 지내야만 건강할 수 있기에, 보건이 다루는 영역은 아주 넓다.

"만약에 이걸 제대로 하려면, 1년 내내 수업에 들어가야 돼요. 그런데 그렇게 할 수 없는 현실이지요."

마음껏 수업을 할 수 없으나, 이향자는 기본을 제대로 가르치려 한다. 저학년들에게 강조하는 건 손 씻기와 양치하기. 너무 기본이 아닌가 싶지만, 면역력을 지키는 기본이 생활을 지키는 것이다. 특히 그는 식생활에 대한 고민이 많다.

"음식만 제대로 먹어도 아이들 건강만이 아니라 정서적 건강, 성향과 성품이 달라져요."

정서적으로 불안하거나 예민한 학생들이 점점 늘어나고 있는 이유 중 하나로 그는 식생활 문화를 꼽는다.

"학교 급식에 월 2회 채식의 날이 있는데, 온전히 채식은 아니고 페스코 식단(생선과 해산물을 포함한 채식 식단)이에요. 그런데도 그날만 되면 잔반이 엄청나게 남아요. 고기나 인스턴트 음식이 없으면 먹으려 하질 않는 거예요."

그가 '무엇을, 어떻게 먹는가'에 대해 신경을 쓰게 된 데는 코로나19라는 계기가 있었다.

"제가 채식을 본격적으로 하게 된 건 코로나 이후예요."

팬데믹 시기, 보건교사들의 고충은 이루 헤아릴 수 없었다. 매일 아침 수백 명의 학생들을 붙잡고 체온을 측정하는 것만으로도 보통 일이 아니었다. 내가 만난 학교 노동자들은 입을 모아 보건교사들의 노고를 언급했다. 앞서 보건실이 학교의 '질병관리본부'라고 말했지만, 그 시기 보건교사에게 실제적인 권한은 없었다. 그럼에도 보건교사는 위생에 관한 모든 역할을 도맡아 책임져야 했다. 발열 측정 지도, 의심 증상 발생 현황 파악, 방역물품 관리, 방역 인력 계약 및 학내 소독 관리…. 권한 없는 업무가 계속됐다. 그런데 이향자에게 팬데믹 시기는 고되고 두려운 시간만은 아니었다.

"나쁜 일만 있었던 건 아닌 거 같아요. 코로나가 제 인생을 바꾸었거든요."

힘들고 슬픈 일 다음에는 언제나 교훈이 주어진다. 코로나19 바이러스는 지구 환경을 외면한 채 우리 인간만 건강할 수는 없다는 당연한 사실을 일러 주었다. 현대인들이 까맣게

얼마나 아픈지 숫자로 말해봅시다
통증 점수표
VAS scale
MILD
(Green)
MODERATE
(Yellow)
SEVERE
(Red)
0 1 2 3 4 5 6 7 8 9 10
No pain
Mild pain
Moderate pain
Severe pain
Very Severe pain
Worst pain possible
통증 없음
약간의 통증 있으나 일상생활 문제 없음
통증으로 집중이 어렵거나 독서 등 정상 활동 방해
통증이 심해 활동 제약 되거나 다른 일 못할 때
너무너무 아픈 최대한의 통증

보건 5

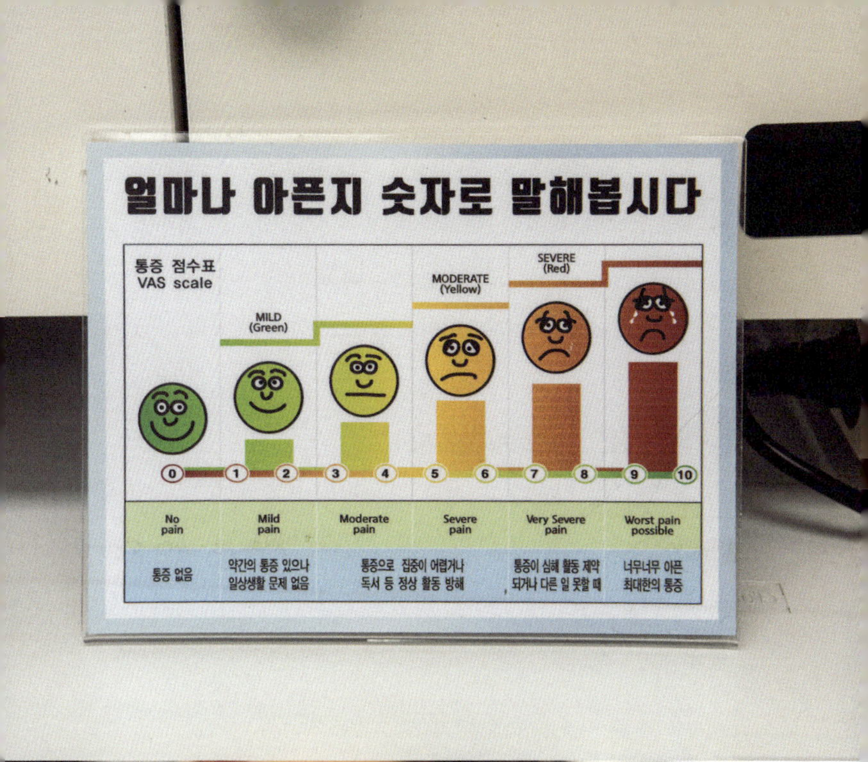

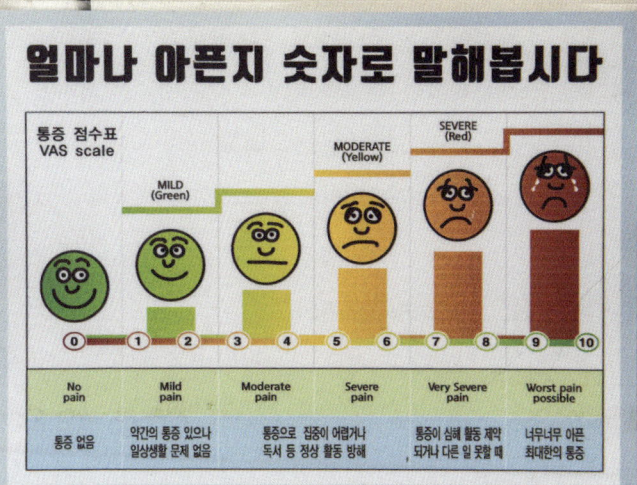

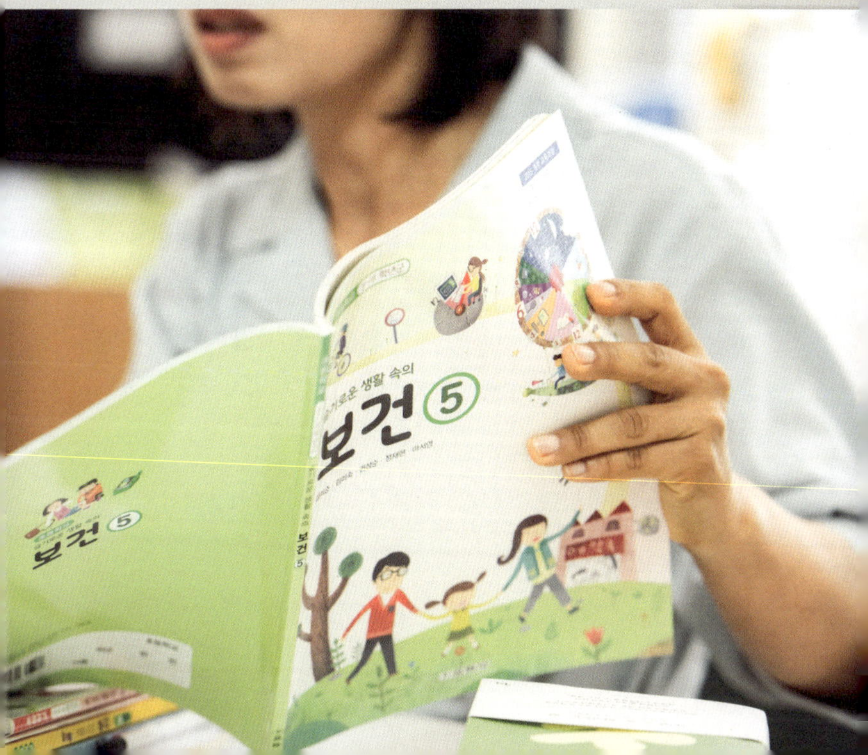

잊고 있던 사실이었다. 생태와 보건은 연결되어 있다. 머리로만 익혔던 사실을 몸소 겪은 이향자는 학교 밖으로 시선을 옮겼다.

잘 먹고 바르게 먹는 법을 알려 주는 식생활 교육은, 지속 가능한 먹거리를 생산하는 농업을 지키고 생태의 순환 과정을 알아 가는 교육으로 확장되어 갔다.

"보건 수업인지 환경 생태 교육인지 모를 정도로 애들에게 강조해요. '얘들아, 여기는 너희가 사는 지구야. 우리가 살아야 하는 지구인데, 탄소가 많이 나오고 더워지고, 살기가 힘들어져.'"

먹는 문제는 작물을 키우는 문제와 분리될 수 없다. 작물은 홀로 크지 않는다. 인간만이 키우지도 않는다. 물과 바람, 햇볕은 모두 자연의 순환 속에 존재한다. 이 순환의 흐름이 끊기지 않을 때 인류는 비로소 건강하다.

"물론 수업을 한다고 해도 잘 안 바뀌죠. 습관이 들기도 했고, 굳어진 식문화가 이미 자리 잡고 있으니까요. 그렇지만 이 또한 씨를 뿌리는 일이라고 생각해요. 어른이 되면 지속 가능한 식생활에 대해 고민을 할 때가 오잖아요. 그럴 때 생각이 나겠죠. 제가 해 준 말이 생각나지 않더라도, 무의식에라도 기억이 남아 있겠죠."

게다가 이향자가 실시하는 '식농교육(건강하고 즐겁게 먹는 일과 그 근원이 되는 농사의 가치를 알리는 교육)'의 대상은 아이들만이 아니다.

"저는 항상 그래요. 교사가 바뀌지 않으면 아이들이 바뀌지 않는다고요. 집에서는 부모가 바뀌지 않으면 아이들이 바뀌지 않죠. 아이들 교육도 중요하지만, 어른이 먼저 바뀌어야죠."

학교 교직원들을 상대로도 교육 활동을 한다.

"흡연 예방 사업을 하더라도, 흡연의 해로움만 교육하는 게 아니라 탄소 중립이나 식농 활동과 접목시키려고 해요. 담배는 완전 '톡신(toxin, 독성)'이잖아요. 그러면 디톡스를 해야 하는 이유를 알려 주고, 디톡스 요리와 접목해 방법을 제시하는 거죠."

흡연 예방 교육 시간에 요리 수업을 하다니 의아할 만하지만, 어느새 사진작가와 내 손에는 교내 유기농 텃밭에서 키운 감자와 호박, 각종 쌈 채소가 한아름 들려 있다. 지속 가능한 식생활의 가치를 공유하는 일은 교직원 환경 동아리 활동으로 이어진다. 이름하여 '우린 그린히어로'이다.

학교 '엄마'가 아닌, 지역 활동가로

그린히어로들의 리더이지만, 학교 안에서 보건을 지키는

일에는 여러 어려움이 따른다.

"학교 안 건강과 안전에 관한 어떤 것이든 '보건 영역'에 넣기가 쉬운 것 같아요."

보건·건강과 생명을 증진시키기 위해 필요한 것을 떠올려 보자. 위생, 환경, 안전, 예방과 같은 단어들이 따라온다. 이 단어들이 붙은 학내 사업이나 업무는 자연스레 보건실 책상에 쌓이곤 한다.

"놀이터나 운동장 시설에서 라돈(1급 발암물질로 분류되는 방사성 기체)이 배출되어 문제가 되었잖아요. 그 시설들을 측정하고 관리하는 업무도 보건실로 올 때가 있어요. 그런 일들을 모두 보건 영역이라고 보긴 어렵잖아요. 안전부터 환경까지, 그 모든 역할을 보건실이 할 순 없어요. 그렇지만 또 하나하나 따지고 들면 힘들어서 못 있어요. 내가 할 수 있는 일은 후루룩 해 버리지 뭐, 그러기도 해요. 보건교사를 엄마라 생각하는 거 같아요. 집에서 엄마는 다 하는 사람이잖아요."

집에서 '엄마'는 없으면 안 되는 존재이고 늘 바쁘지만, 엄마가 바쁜 건 또 아무도 모른다.

"좋은 마음으로 해 줄 수도 있지만, 그러면 업무가 몰리게 되고, 아이들을 돌보고 처치하는 제 본연의 업무에 영향을 주게 되어 있어요."

게다가 보건실은 있어도 보건교사는 없는 학교들도 제법

된다. 순환 교사라 해서, 보건교사들은 출장을 가는 방식으로 보건교사가 없는 타 학교로 수업이나 근무를 하러 가야 한다.[15] 그러니 보건 교사에게 밀려오는 업무를 조정하고 조율하는 일은 중요하다.

"그런데 젊었을 때는 업무 분장 같은 일에 의미를 많이 뒀는데, 이제는 개의치 않으려 해요."

무엇이 달라졌기에 심경의 변화가 생긴 걸까?

"삶이 그게 다가 아니라는 것을 알게 됐거든요."

진짜 하고 싶은 것이 생겼기 때문이겠다. 그의 시야가 학교 담장을 넘었다.

"저는 집과 학교밖에 모르고 살았어요. 마을이 학교로 들어와야 한다는 생각을 어렴풋하게 했지만, 제가 직접 지역에 나가 활동을 하거나 하진 않았거든요."

그러다가 코로나19 시기에 지역 보건소로 의료 봉사를 나갔다. 생태와 보건의 연관 관계에 대한 고민이 깊어지자 지역에서의 활동도 차츰 늘어났다. 지역에서 기후정의 행사를 함께 조직하기도 하고, 지역 주민들과 '매일 한 끼 채식' 운동을

---

15 보건교사 배치율의 지역 격차는 계속 지적되어 오고 있다. 수도권 및 대도시 지역의 학교에는 보건교사 배치율이 99퍼센트에 다다르나, 그 외 지역은 60퍼센트 내외에 머무르고 있다. 특히 도서·산간이나 농어촌 지역은 학생 수가 적다는 이유로 보건교사가 배치되지 않는 일이 많은데, 그러한 지역일수록 의료 시설이 부족하고, 의료 기관 접근성이 떨어지기에 보건교사 배치의 필요성이 오히려 더 크다.

펼치기도 한다. 지금은 지속 가능한 식농을 지키고자 사회적 협동조합을 구상하고 있다.

그리고 지역에서 배운 배움을 학교로 가지고 온다. 지역의 '선생님'을 학교로 모셔 오기도 한다. 디지털 폭력, 약물 중독, 성평등, 마음 건강…. 교과서에 있는 딱딱한 이야기를 열린 시야로 나눠 줄 사람들이 학생들을 직접 만날 수 있게 연결한다.

"학교와 지역의 경계를 무너트리고, 이 둘이 같이 나아가야 한다는 걸 이제 체험으로 아는 거예요."

20여 년 전, 좋은 영향을 주고 싶다며 학교로 온 그는 이제 "학교에선 사랑만 주는 사람을 해야겠다"고 다짐하는 선생님이 되었다. 그리고 학교 담장을 넘어 아이들에게 주고 싶다던 좋은 영향을 지역사회로 퍼트린다.

"그때는 아이들 생각만 했다면, 지금은 지역과 지구, 인류를 함께 생각해요."

병원에서 시작해 학교로, 학교에서 다시 지역으로, 차근차근 걸음을 옮긴다. 그의 걸음을 따라 세상도 사랑을 받아 자라고 있다.

양치하기, 손 씻기, 골고루 먹기 등 생활 습관을 바로잡는 일은 올바르지만, 일상에서 실천하기 너무 어려운 거 같아요. 학생들에게 어떻게 알려 주시나요?

보건교사의 수업은 실생활에서의 실천을 목표로 하기 때문에 보건실에서뿐만 아니라 복도, 화장실, 학교 곳곳에서 아이들을 만날 때마다 수시로 확인하고 교육합니다. 자주 그리고 꾸준히 교육을 하다 보면 서서히 달라지리라 믿습니다. 실제로 아이들은 달라지고 있고요.

『보건교사 안은영』(정세랑, 민음사, 2015)을 보셨어요? 텔레비전이나 소설에 나온 보건교사를 볼 때 기분이 어떠셔요? 선생님의 모습과 닮았나요?

보건교사 안은영은 현실 속 문제를 해결하기 위해 남들의 눈에 잘 띄지 않는 사소한 것까지 중요하게 생각하는 사람이죠. 그러다 마침내 문제를 해결해 내는 엉뚱하지만 정의롭고, 고독하면서 강인하고, 또 따뜻한 품성의 교사예요. 조금은 닮은 면이 있는 것 같아요. 안은영 교사처럼 '젤리(사람의 마음이나 욕망이 응축되어 만들어지는 소설 속 존재. 보통 사람의 눈에는 보이지 않는다.)'를 보지는 못하지만, 현실의 문제에는 늘 쉽게 눈에 띄지 않는 요소들이 영향을 미친다는 걸 알고 있지요. 그리고, 옳은 길을 걷는 것은 늘 외롭고 고독하지만 또한 매우 즐거운 일이에요.

보건실을 이용하는 학생들에게 하고 싶으신 말씀이 있으신가요?

보건실은 몸이 다치거나 마음이 아픈 친구들을 치료해 주고 치유의 실마리를 찾을 수 있는 곳이니, 도움이 필요하면 언제든지 찾아오려무나, 하고 말하고 싶네요.

선생님도
선생님이에요?

한 책[16]에서 읽은 일화다. 도서관 비품 상자를 들고 나르던 신입 사서교사는 한탄을 한다. '내가 학교에서 무얼 하고 있는 거지?' 그의 속마음을 듣기라도 한 듯이, 어느 날 도서부 학생이 물었다.
"선생님도 선생님이에요?"
학생 입장에선 궁금할 만도 하다. 다들 선생님이라고 부르는데, 정작 교실 수업에서 만난 적이 없으니까. 그런 선생님들이 있다. 사서 선생님, 보건 선생님, 영양사 선생님…. 선생님이라고 부르긴 하는데, 부르면서도 '선생님이 맞나?' 싶다.
'선생님=과목별 교사'라는 일반적인 인식에 기반해 던진 학생의 해맑은 질문이, 직장인에게는 다르게 와닿는다. 마침 '내가 뭐 하는 거지?' 싶었던 사서교사는 그 질문을 곱씹어 본다. '내가 지금 선생님인가?' 학교에 와서 내내 서가 분류만 하고, 도서 행사만 치러 내고 있는데.
독자의 자리에서 나 역시 저 질문을 주워 담는다. 선생님이란 어떤 사람인가? 정규교육 대상자로 12년

---

[16] 『궁금하지만 물어보기엔 애매한 학교도서관 이야기』, 구혜진 외, 학교도서관저널, 2022.

돌보다, 고치다, 지키다

을 보내고, 그 후로도 끊임없이 누군가에게 무언가를 배워 왔다. '선생님'이라는 사람들을 숱하게 만났는데도, 선생님이 무엇을 하는 사람인지 답을 하려니 어렵기만 하다.

개념을 애써 규정하려는 시도가 어떤 혼란에 빠지건, 학생 입장에서야 교실 수업에서 그 '선생님'을 만나게 되면 명쾌하게 해결되는 문제다. 그런데 세상은 그리 명쾌한 곳이 아니다. 사서만 하더라도 수업에 들어가는 사서와 수업에 들어가지 못하는 사서가 있다. 공무직 사서에게는 수업권이 없다. '교사'의 사전적 정의는 '주로 초등학교·중학교·고등학교 따위에서, 일정한 자격을 가지고 학생을 가르치는 사람'이다. 현실은 그 자격을 '교원 자격증'과 동일시한다. 다른 직종도 마찬가지다. 영양교사가 있고, 영양사가 있다. 보건교사가 있고 건강실무사가 있다. 후자는 '선생님'이라 불리지 못한다.

그 선생님은 선생님이 아니야

한 방과후교실 강사가 소개한 일화가 있다. 스승의 날을 앞두고 선생님에게 줄 카네이션을 만들고 편지를 쓰는 수업 시간. 한 학생이 종이접기 방과후교실 선생님에게 편지를 쓰고 싶다고 했더니, 담임교사가 만류했다는 이야기다.[17]

학생 입장에서야 '가르치는 사람'이 선생님인데, 왜 종이접기 선생님은 안 된다고 하는지 모를 일이었고, 그 물음표를 해소해 주어야 하는 담당 교사는 이렇게 말했다고 한다.

"그 선생님은 선생님이 아니야."

물론 책에 담기기까지 이야기가 과장되거나 오히려 축소되었을 수 있다. 진실은 알 수 없다. 하지만 상상하기 어려운 에피소드는 아니다. 마치 『어린 왕자』의 "10만 프랑짜리 집을 보았다"라는 답변처럼, 학생은 여전히 명쾌한 답을 얻지 못했지만 어른들은 알 만한 대답이었다. 선생님의 의미를 '교사'로 축소시키면 "선생님이에요?"는 가르치는 자의 역할을 묻는 질문이 아니라 단순히 자격을 묻는 문제로 여겨지게 된다. '무엇을 가르치는 사람이 선생님인가' 같은 질문은 저만치 뒤로 물러서게 된다.

앞서 소개한, 짐을 나르다가 번뇌에 빠진 사서교사는 세월이 흘러 "선생님이란 어떤 사람일까?"를 고민하는 선배 교사가 된다.

---

17 『꿈꾸는 유령 방과후강사 이야기』, 김경희, 호밀밭, 2021.

돌보다, 고치다, 지키다

"단순히 학생들에게 지식을 전달하는 것이 교육이라고 생각하지 않습니다. 학생들이 주관적으로 지식 구성을 할 수 있도록 학생들의 자아성찰적 학습과 협동 학습을 지원하는 코치이자 동료 학습자로서의 역할을 하는 것이 교사에게 더욱 필요하다고 생각합니다."

그 시절 자신과 같은 교사들에게 전하는 이야기다. 단순히 지식을 전달하는 것만이 교육이 아니듯, 가르치는 자의 역할을 지식의 전달에 국한할 수 없다. 내가 인터뷰를 통해 학교에서 만난 이들은, '선생님'이라 불리지 않더라도 각자의 방식대로 배움을 나누고 있었다.

평등하게 세상을 보는 시각을 기르고("도서관을 삶에 조금 더 가깝게 설계하고 싶어요."), 함께 생활한다는 게 무엇인지 깨닫고("급식은 급식다울 때 좋은 거란다."), 앞으로 살아가야 할 사회를 그려 보게 하며("우리는 사람과 사회를 함께 공부할 거다."), 인생을 살아가는 데 보탬이 되기를 바랐다("무의식에라도 기억에 남아 있겠죠."). 이들 모두 저마다의 교육을 수행했다. 학습 동료로, 선생님으로, 그 위치를 유연하게 조정해 가며. 때론 과도하게 '엄마' 역할을 요구받기도 하고, 어떨 때는 그저 '잔소리쟁이'로 치부되기도 하지만 말이다.

선생님이 무엇을 하는 사람인지 명료하게 답할 순 없어도, 내게는 그보다 더 선명한 구분이 있다. 내 머릿속의 선생님은 초중고 때 학교에서 만난 '선생님'들과 그 이후 만난 '(그냥) 선생님'들로 나뉜다. 그만큼 '학교 선생님'은 다르다고 믿고, 다르기를 바란다. 학교가 다른 어떤 장소와도 다르다고 믿기 때문이다. 청소년기의 가장 많은 시간을 보내는 그곳에서, 우리는 세상에 관한 모든 것을 배워 나가기 시작한다. 초중고 시절, 나는 무엇이든 받아들일 수 있는 사람이었다. 주변 사람들이 나에게 좋든 싫든 무엇이건 영향을 미치고 있었다. 배움이란 단순히 수업 시간에 가르치는 지식을 익히는 것이 아니었다.

그러고 보면 "그 선생님은 선생님이 아니야."라는 말은 너무도 강력한 교육이다. 학생들은 학교생활을 하는 동안 자연스럽게 알게 된다. 누가 선생님이고, 누가 선생님이 아닌지. 그런 구분이 어떤 권한과 권리를 나누는지도. 학생들은 학교에서 '비/정규'의 차이를 배우고, 이것이 단순한 고용 형태를 넘어 사회적지위와 신분의 문제임을 직감한다. 이 감각은, 교단에서 하는 어떤 말보다 더 강하게 다가온다. 사서교사의 바람이 안타깝게도, 평등을 꿈꾸는 이상은 아직 우리의 현실에서 실현되지 못했다.

돌보다, 고치다, 지키다

그럼에도 학교라는 일터에서 배움을 나누려는 사람들이 있다. 그들이 전해 준 배움이 학교라는 공간을 채운다. 선생님은 선생님이다.

2부.

학교, 어디에서 일하세요?

⑥ 성실로 타인을 지키는 사람

학교보안관
이덕영

학교에서 일하는 사람을 취재하다 보니 학교에 갈 일이 생긴다. 학생은 자유롭게 정문을 통과하지만, 학생이 아닌 나는 먼저 들러야 하는 장소가 있다. 보안관실이라 불리는 작은 컨테이너 건물에서 카우보이모자를 쓴 사람이 나 같은 방문자를 기다린다. 학교보안관인 그에게 방문 목적을 말하고 출입증을 받는다.

학교보안관. 이름 그대로, 학교를 지키는 사람이다. 지역에 따라 배움터지킴이, 안전지킴이로 불리기도 한다. 2011년 서울시가 각 초등학교에 '학교 안팎의 폭력을 예방하는 보조 인력'으로 학교보안관을 배치한 것이 그 시작이다. 학교를 지켜 주는 사람이라니 고마워해야 하지만, 외부인의 입장에선 번거롭게 느껴지기도 한다. 1분도 걸리지 않는 신원 확인 절차가 귀찮은 게다. 옛날에도 학교에 들어가려면 신분증을 맡겨야 했나? 오래된 기억을 떠올리지만 그때와 지금을 비교하긴 어렵다. 세상이 달라졌다. 학교에서 벌어지는 사건·사고 이야기를 심심찮게 들을 수 있다. 그렇다고 예전의 학교가 폭력 없는 안전한 공간이었다고 말하고 싶진 않다.

변한 것은 폭력의 횟수가 아니라, 오늘날을 사는
우리가 '안전'을 더욱 중요한 가치로 여기게
되었다는 사실이다.
그 안전을 지키는 사람,
이덕영 학교보안관을 만났다.

'학교보안관'이란, 「학교폭력예방 및 대책에 관한 법률」 제20조의5에 규정된 학생 보호 인력으로서 학교의 장과 노동계약을 체결하고 초등학교 내에 배치되어 학생 보호 및 학교 안전을 위해 활동하는 사람을 말한다.

— 「학교폭력예방 및 대책에 관한 법률」 제20조의5에 따른
'서울특별시 학교보안관 운영 및 지원 등에 관한 조례', 2020.

자리를 비울 수 없어요

매일 아침 7시, 이덕영은 학교에 도착한다. 정해진 출근 시간보다 30분 일찍이다. 본관 1층에 있는 휴게실에서 유니폼으로 갈아입고 나와 정문 앞에 세워진 작은 컨테이너 건물로 들어선다. 이곳이 그의 일터인 보안관실이다.

보안관실에 들어서면 커다란 모니터에 비친 풍경이 시야에 먼저 들어온다. 학내 곳곳을 비추는 CCTV 화면이 전송되는 모니터다. 그는 화면을 살핀 뒤, 방문증이 놓인 책상을 정돈하곤 다시 밖으로 나온다. 학교 안팎을 순찰할 시간이다. 교내를 한 바퀴 돌고 정문으로 돌아오면, 약속이라도 한 듯 등교하는 아이들이 하나둘 모습을 드러낸다. 그는 분주히 주황색 봉을 챙겨 들고 교문 앞으로 간다.

"정문으로 드나드는 차가 많아요. 학교 안에 수영장이 있는데, 민간에서 운영하는 거예요. 수영장을 이용하는 주민들

차도 학교 안으로 들어오지, 출근 시간이니까 선생님들 차량도 있지, 애들 데려다 주는 학부모들도 있지, 혼잡하죠. 사고가 날까 봐, 가장 신경 쓰고 예민해지는 시간이에요. 등하교하는 학생들 안전이 제일 우선이니까요."

통학로를 오가는 차량과 건널목을 건너는 학생들을 주시하는 그의 시선이 분주하다. 학교마다 두 명의 보안관이 배치되지만 등하교 지도는 한 명이 담당한다.

"한 명은 '이른 출근'이라고 해서 오전 7시 반 출근, 다른 한 명은 '늦은 출근'이라고 해서 오전 10시에 출근해요. 이른 출근을 한 사람이 등교 때 정문을 지키고 안전 지도를 하죠. 아침에는 후문을 닫아 놓고 있어요. 늦은 출근을 하는 사람이 오면 그때 교대로 식사하고, 정문에 있던 사람이 후문으로 옮겨 가는 거죠. 후문을 12시 반에 열어야 해요."

서른여섯 개 학급, 600여 명 학생의 안전을 공식적으로 이 두 명의 보안관이 지킨다. 순찰을 돌듯 교내 곳곳을 돌아다니는 모습을 상상했지만, 실상은 등교 시간 이후로는 보안관실을 도통 벗어나지 못한다고 했다.

"자리를 비울 수가 없어요. 방문객 확인을 해야 하니까."

학교보안관의 주된 업무는 외부인 출입 관리다. 학교가 하는 기능과 역할이 많아지면서 학교를 드나드는 사람도 크게 늘었다. 방과후교실 강사부터 행사 기획팀을 거쳐 시설을 보수하러 온 업체 직원까지 다양한 사람이 교문에 들어선다. 게다가 지름길이라는 이유로 학교를 가로질러 가려는 주민들도 있다. 그들을 일일이 확인하는 일은 쉽지 않다. 학교보안관이 둘러보지 못하는 대신 학교 안 곳곳은 CCTV가 지켜보고 있다. 그 수가 마흔 개가 넘는다. 수십 개의 화면은 그가 모니터를 통해 종일 지켜봐야 하는 풍경이다.

"모니터를 보다가 이상한 징후가 보이면, 예를 들어 아이들이 너무 위험하게 장난을 친다든지 하면, 교무실에 연락해서 한번 가 보시라고 하죠. 그 방법밖에 없어요. 우리는 움직이기가 어려워요. 보안관실을 비울 수가 없으니. 자리를 비운 새에 엉뚱한 사람이 학교에 들어왔다고 하면 우리가 책임을 져야 하니까요."

자리를 잠시라도 비울 수 없는 그의 입장을 더듬어 본다. 나에게 이 문을 종일 홀로 지키라고 한다면 그 압박감이 어떨지 짐작해 본다. 내가 지키는 자리에 수백 명 어린이의 안전이 달려 있다면, 화장실마저 종종걸음으로 가야 하겠지. 그 시간마저 단축하기 위해 보통 경비실 바로 옆에는 자그마한 화장실이 붙어 있다.

몇 해 전, 한 남성이 모 초등학교에 들어가 학생을 붙잡고 인질극을 벌인 사건이 있었다. 그 사건으로 가장 질타받은 이는 정문을 지키던 학교보안관이었다. 남자가 출입할 때 신분

증을 맡아 두지 않은 것이다. 그러나 인질범에게 달려가 가장 먼저 사태 해결을 시도한 이도 보안관이었다. 누군가의 안전을 지키는 일에는 무거운 책임이 따른다.

학교보안관 제도는 2010년 초반, 영등포의 한 초등학교 운동장에서 초등학생이 납치 폭행 당한 사건으로 인해 도입되었다. 초반에는 지역에 따라 '배움터지킴이'라 하여 퇴직한 교원, 군인, 경찰 등을 위촉해 자원봉사 업무를 수행하게끔 했다. 정식 일자리가 아니다 보니 4대 보험 가입이 안 되는 것은 물론 안전 교육 등도 행해지지 않는 난점이 있었고, 점차 지금과 같은 고용 형태의 일자리로 전환되었다. 지금은 지역 주민도, 여성도 학교보안관으로 활동한다. 다양한 사람이 학교를 지킨다. 기운이 세거나 싸움을 잘해야만 누군가를 지킬 수 있는 건 아니니까.

학교보안관은 만 55세부터 지원할 수 있어 '시니어 일자리'로 분류되는데, 경쟁률이 만만치 않다. 30 대 1에 달할 때도 있다. 이덕영도 그의 표현에 따르면 '재수'를 했다. 지원 첫해는 낙방의 고배를 마셨다.

"수십 곳에 이력서를 넣었어요. 아무리 기다려도 면접을 안 부르는 거예요. 모집 공고를 다시 읽어 보니까 자격증이 있어야 가산점을 받을 수 있더라고요. 처음부터 다시 해야겠구나 싶어서 자격증(학교안전지도사 자격증) 공부를 시작했죠."

그다음 해부터 초등학교에서 근무할 수 있었다. 지금의 학교는 보안관으로서의 두 번째 직장이다. 학교보안관은 최대 5년간 한 학교에서 근무를 할 수 있고, 만 70세가 되면 정년퇴직해야 한다. 그런데 그는 이미 한 차례, 학교에서 정년퇴직을 한 바 있다. 11년간 학교 전산실에서 일했던 것이다.

2007년, 다니던 건설 회사를 그만두고 연로한 어머니를 돌보던 와중에 학교 전산실에서 근무할 사람을 찾는다는 이야기를 들었다. '전산실무사(교내행정 실무종사자)'로도 불리는 이 직업은 교내 컴퓨터와 전산 기기를 관리하는 것이 주 업무다. 대학 때 컴퓨터공학을 전공한 덕에 비교적 수월하게 채용될 수 있었다. 물론 그가 대학에서 배운 것은 소프트웨어 관련 학문으로, 전산 기기를 수리하고 보수하는 일과는 무관했다. 그런데도 그는 실력 좋게 일을 해냈다.

"선생님들이 사용하던 컴퓨터가 먹통이 됐다. 그러면 본체만 뜯어 와선 전산실 옆 부지에서 에어 건으로 부품을 싹 청소하는 거예요. 데이터만 선생님이 가지고 있으면 되니까. 나머지는 싹 미는(초기화하는) 거죠. 학교 인터넷이 끊기면 교육청 유지·보수 지원팀에 연락해서 사람이 오길 기다려야 하는데, 그걸 언제 기다려요. 내가 옆 반에서라도 랜선을 끄집어 와서 연결하고, 그다음에 사람을 불러도 부르죠. 또 학교마다 컴퓨터실이 있었어요. 방학이 되면 거기 컴퓨터를 전부 뜯어서 청소해요. 세팅도 다시 하고. 컴퓨터가 그래서 늘 깨끗했어요."

언제 일을 배웠냐고 물으니 그는 이리 말한다. "노력했죠." 학원에 다니고 따로 공부도 했다. 그의 준비성을 엿볼 수 있는 대목이다.

"항상 준비해 둬요. 그러면 언젠가는 쓸모가 생겨요."

성실함은 예순이 훌쩍 넘은 그가 학생들을 지키는 힘이기도 하다. 보안관실을 떠날 수 없는 형편이라 말하면서도 그는 짬을 내서 학교를 순찰한다. 때론 그 일에 자신의 휴게 시간을 내주기도 한다.

"애들 노는 시간에 한 바퀴 돌아보는 거죠. 혹시 위험한 요소는 없나 보는 거예요. 이른 출근을 하는 날에는 점심시간에 교내를 돌 여유가 좀 있어요."

아무리 많은 CCTV가 있어도 직접 보는 것과는 다르다. 화면 속에서 흘러가듯 모습을 비추는 아이들은 언제나 웃고 있다. 하지만 학교에는 웃는 아이만 있는 것은 아니다. 모두가 집으로 돌아간 시간, 학내를 순찰하는 그의 눈에 들어오는 아이들이 있다.

"'뭐 하고 있니? 공부는 재미있어?' 물어보면서 이런저런 이야기를 하죠. 아이들은 자길 좋아하는 걸 바로 알아요. '나를 좋아하는구나.' 그렇게 느끼면 허심탄회하게 속마음을 이야기하죠."

하지만 학생들에게 말을 거는 일은 언제나 조심스럽다.

"잘못하면 민원이 들어와요."

학생에게 건넨 말이 학부모에게 옮겨지는 과정에서 왜곡될 수 있다. 서로의 오해로 학교에 민원이 들어가면 곤란해지는 건 그이다. 그러니 도움이 필요한 아이가 아닌지 알아볼 정도로만 대화를 나눈다. 그가 어린이였던 시절과는 세상이 크게 달라졌다.

잘 웃던 아이

어린 시절, 그는 풍족함을 몰랐다.

"5남 2녀 가운데 막내인 데다, 워낙 가난한 집에서 태어나서. 그때만 해도 월사금이라고 해서 등록금을 내고 학교에 다녔어요. 20원인가. 지금 돈으로 환산하면 몇만 원쯤 되겠죠. 그걸 못 내면 그땐 아이를 집으로 돌려보냈어요. 돌아가 봐도 빤하죠. 부모님은 일하러 가고 집에 아무도 없는데. 그런데도 집에 보내는 거예요."

배고프고 가난한 어린 시절은 그러나 불행과는 거리가 멀었다. 그는 동네에 소문이 날 정도로 잘 웃는 아이였다고 한다. 그래서일까, 지금도 웃는 인상이다.

"국민학교 때는 아침 일찍 일어나서 동네 애들을 다 모았어요. 동네를 쫙 돌면서 애들을 모아선 학교에 데리고 가는 거죠."

먼 등굣길, 작은 아이가 자기보다 작은 아이들을 데리고 논두렁길을 가로질러 학교로 갔다. 그 길이 좋았다.

"그런데 요즘 아이들은 썩 행복해 보이지 않아요."

하교 시간, 교문에서 곧장 학원 차량에 올라타는 아이들을 보며 그가 하는 생각이다. 요즘은 학교 운동장에서 노는 아이들도 없다.

"나는 이 생각은 변함없어요. 아이들은 행복해야 한다. 아이들이 성인이 될 때까지 순수하고 맑은 마음을 가지고 갈 수 있게끔 학교가 지켜 주고, 가정이 지켜 주고, 사회가 지켜 줘야 한다."

어떻게 지켜야 할까. 답은 명확히 알 수 없어도, 그는 지금 자신이 할 수 있는 것이 무엇인지 안다. 고단하더라도 몸을 조금씩 더 움직인다. 학생들이 오가는 길목을 살피고, 아이들의 표정을 살핀다. 곳곳을 두루 살피며 움직이는 느린 걸음은 노인의 힘없는 걸음새로 오인되어 읽힐지도 모른다. 그가 아이들의 표정까지 고루 살피느라 신중하게 움직이고 있음을 눈치채는 사람은 적다.

2025년 한 초등학생이 학교에서 살해당하는 사건이 일어났다. 한동안 여론은 학내 CCTV 설치 의무화와 학교전담경찰관(SPO) 배치 요구로 들끓었다. '학교폭력 근절 종합 대책'의 하나로 2011년 학교전담경찰관 제도가 도입된 이래, 학내 사건·사고가 발생할 때마다 인력 증원과 의무 배치가 거론됐다. 실제 법과 제도가 어떻게 바뀌든, 공권력 투입과 CCTV와 같은 통제 시설을 확대하는 방식으로 학교의 안전을 지키려는 경향은 짙어지고 있다. 반면 이를 우려하는 목소리도 적지 않다.

이 논쟁을 길게 다루기는 어렵지만, 노년의 보안관과 대화를 나누며 나는 학교의 안전을 새삼 다른 각도에서 생각하게 됐다. 운동장에 혼자 있는 아이를 유심히 지켜본 이가 건네는 안부야말로 학교를 지키는 일 아닐까, 하는 그런 생각을.

인사도 해 주시고, 말도 걸어 주시고

"아이들 웃는 걸 보고 있으면 나도 즐거워지잖아요. 아이들이 왜 좋은지, 콕 집어 말하기 어려운데. 뭐랄까. 아이들의 맑은 눈, 순진한 마음. 그런 게 다 좋은 거예요. 지켜 주고 싶죠."

인터뷰를 앞두고 보통 당사자에게 질문지를 미리 보낸다. 인터뷰의 방향을 미리 가늠해 볼 수 있게끔 하기 위해서다. 늘 준비하는 그답게, 이덕영은 사전 질문지에 답을 적어 다시 내게 건넸다. 정성 들여 꾹꾹 눌러쓴 답변지였다. 그의 성실함을 알 만하여 나는 고개를 끄덕였는데, 그중 하나는 학생에게 직접 물어보고 답을 구했다고 했다.

"운동장에서 자주 뛰어노는 아이예요. 거의 매일 보는 아이죠. 그래서 물었어요. '출판사에서 나를 인터뷰한다는데, 이런 질문이 있구나. 뭐라고 대답해야 할까?'"

내가 보낸 질문은 이것이었다.

'학생들은 학교보안관 선생님을 어떤 분으로 생각하고 있을까요?'

아이는 이렇게 말했다고 한다.

"인사도 해 주시고, 말도 걸어 주시고, 학교 올 때 나와서 교통정리도 해 주시고, 친절하신 분입니다."

할아버지와 손주처럼, 그날 그와 아이는 학원 이야기도 하고 꿈 이야기도 나눴다. 두 사람의 대화를 헤아리며, 나는 안부를 묻는 사람이 마지막까지 남아 있는 학교를 생각했다.

순찰 돌 때, 학교에서 제일 좋아하는 장소가 있으세요?

순찰은 대체로 4층에서 출발해 5층을 지나, 다시 거슬러 내려오는 순서로 이뤄집니다. 교실과 특별실들을 돌아보죠. 건물이 세 동인 데다가, 엘리베이터는 한 곳밖에 없기에 좀 바쁩니다. 다른 학교보안관 근무자가 도착을 해서 교대를 하고, 학생들이 수업에 들어간 시간을 틈타, 예방 차원에서 빠르게 순찰을 해야 하기에 시간이 부족합니다. 적은 시간에 넓은 장소를 돌다 보니 여유롭지 못하네요. 딱히 좋아하는 장소를 찾을 만한 여유가 없답니다. 가장 좋은 장소는 보안관실이겠네요. 가장 익숙한, 온전한 제 장소이니까요.

학교에 혼자 늦게까지 남아 있는 아이를 본다면, 어떻게 대처하시나요?

학교와 지역별로 차이는 있습니다만, 지금의 학교는 교직원들이 퇴근을 하는 시간이면 학생들도 거의 학교에 남아 있지 않습니다. 간혹 저녁 6시 이후에도 학교 내 운동장에 있는 학생이 있으면, 다가가서 언제 갈 거냐고 물어보죠. 몇 분만 더 놀다 가면 안 되냐고 아이가 부탁을 하고, 그러면 10분만 더 놀고 몇 분까지는 나오라고 합니다. 그럼 알았다고 저와 약속을 합니다. 아이들은 약속을 잘 지키기 때문에, 그 전에 다들 알아서 자리를 떠나 별로 어려운 점이 없었습니다. 친구도 없이 혼자 있는 아이에게는 왜 이곳에 있는지를 물어봅니다. 대화를 나눠 보고 문제 상황이 아니라는 판단이 든다면, 집으로 가기를 권합니다.

학교 안전을 지키는 데 가장 신경 쓰시는 부분이 있나요?

학교마다 상황이 다르고, 학교 구조나 지역에 따라 대처하는 방법이 다를 것 같아 답하기가 조심스럽네요. 제가 근무하는 학교는 통학로 한쪽에 외부에서 임대한 수영장이 있습니다. 수시로 차를 가지고 들고 나가는 수영장 회원들과 학생들이 좁은 통학로를 같이 사용하다 보니 등하교 때마다 위험이 상주하고 있습니다. 꼭 외부 시설이 학교에 있어서만이 아니라, 차량이나 외부 사람들과 맞닥뜨리기 쉬운 시간이다 보니, 우선은 학생들의 등학교 길을 지켜 주자고 생각하고 있습니다.

⑦ 쉬워 보인다면 잘하고 있는 겁니다

교무실무사
양윤숙

늦은 오후, 학생들이 하교를 마친 학교 정문 앞은
한가하다. 보도에 노랗게 칠해진 옐로 카펫[18]이
이곳이 초등학교 앞이라는 사실을 알려 준다.
전국소년체육대회 출전을 축하하는 현수막이
교문의 풍경에 활기를 더한다. '축' 글자가
동그라미 안에 선명하게 박혀 있다. 내 시선을
눈치챈 양윤숙이 말한다.
"제가 만든 거예요."
현수막에 새겨진 선명한 연두색 글자가 철제
담장 울타리를 비집고 나온 초록 잎사귀들과
잘 어울린다.
"멋지네요."
나는 진심을 담아 말한다. 대회에 출전한
어린이들은 스스로 자랑스러울 게다. 축하를 받고,
멋지다는 말도 들었을 테다. 학생들을 훈련하고
경기에 출전시킨 선생님도 뿌듯할 만하다.
그렇지만 수상 소식을 알리기 위해 현수막 제작을
업체에 의뢰하고, 문구를 적어 보내고,

---

[18] 횡단보도를 건너는 아동의 안전을 위하여 설치하는 교통안전시설. 횡단보도 진입로의 바닥 및 벽면을 노랗게 칠하여, 운전자가 횡단보도 앞에 서 있는 아동을 쉽게 인지할 수 있게 한다.

디자인을 검토하는 일을 멋지다 여기는 세상인가.
잠시 생각한다. 멋지고 중요한 일은 따로 있다고
보는 세상 안에 학교도 있다.
학교에서 일하는 양윤숙 씨를 만났다.
그의 일터는 학교 교무실이다.

> 학교에는 교원 외에 학교 운영에 필요한
> 행정직원 등 직원을 둔다.
>
> — 「초·중등교육법」 제19조 2항

도와주는 사람?

"교무실무사[19]가 어떤 일을 한다고 설명해야 하지? 많이 생각해 봤어요."

인터뷰를 앞둔 양윤숙 씨의 손엔 업무분장표 한 장이 들려 있다.

"학생들은 교무실무사라는 존재를 잘 모를 거예요. 그런데 교무실에 오면 항상 제가 있고, 종종 저를 통해 학습 출력물이나 가정통신문을 받아 가곤 하니까 저를 학교생활을 도와주는 사람쯤으로 생각할 거 같아요."

'도와준다'는 말은 참으로 모호하다. 그래서 업무분장표를 들고 온 것일 테다. 분장표에는 교무기획부, 진로교육부, 체육운동부 등 각 부서마다 지원해야 할 업무 목록이 빼곡하게 적

---

[19] 교무행정지원사, 행정실무사, 교무실무사 등으로 각 지자체 교육청마다 다르게 사용한다. 여기서는 일괄하여 교무실무사라 표기하고자 한다.

혀 있다. 양윤숙이 소속된 곳은 교무기획부. 익숙한 말로 바꿔 보자면, 교무실에서 이뤄지는 행정 및 사무 업무를 담당하는 부서다. 그의 이름이 적힌 칸에는 학생 재적 관리, 교내 행사 지원, 홍보물 제작, 가정통신문 발송, 교무 물품 구입 및 품의 등 여러 업무가 나열되어 있다. 모두 교무실무사라 불리는 '교무행정 실무종사자'가 하는 업무이다.

출근해서 책상에 앉아 컴퓨터 전원을 켜고 나이스(NEIS, 교육행정 시스템)에 들어가면 하룻밤 사이 잔뜩 쌓인 공문이 양윤숙을 기다리고 있다. 공문을 읽고 해당 교사나 교직원에게 필요한 내용을 분류해 전달한다. 그의 손을 거쳐 안내 사항이 각 부서로 전달되고 나서야 학교는 오전의 활기를 띤다. 전 교생에게 배포해야 할 내용은 'E알리미' 앱에 입력한다. 개학식과 방학식, 체험 학습이나 반 배정 같은 교내 일정 전달은 물론, 예방접종이나 날씨 경보를 비롯한 생활 관리 안내도 그의 몫이다. 예전에는 손으로 쓴 알림장이나 종이 가정통신문을 통해 전해지던 소식이 요즘은 알림 앱을 통해 전달된다.

"(팬데믹, 기후변화 등에 따라) 새롭게 생겨나는 업무들이 있어요. 예를 들어 미세먼지주의보가 뜨면 그걸 아침에 학교 구성원들에게 전체 메시지로 보내요. 체육 수업처럼 야외에서 활동하는 시간이 있잖아요. 그런 외부 활동에 대처할 수 있도록 미리 알리는 거죠. 여러 알림이 오기 때문에 저는 'E알리미' 앱을 항상 보는데, 그러다 보면 오전 시간이 다 지나가 있어요."

안주하려 하지 않는다

학교는 우리가 생각한 것보다 훨씬 복잡하고 다채로운 곳이다. 학생 수는 크게 줄었지만, 학교가 하는 기능은 늘어만 간다. 교내외 행사 일정도 다채로워졌다. 교육과정 설명회, 현장체험, 방과후학교 발표회, 체험·테마 학습, 스포츠클럽대회, 학부모 총회, 학부모 공개수업, 합동소방훈련, 과학 교육주간, 정보통신윤리 교육주간, 장애이해 교육주간…. 행사마다 들고 나는 사람이 많다.

"성범죄가 교원 결격사유이기 때문에, 학교에 들어오는 선생님들은 외부 강사라 해도 다 신원 조회를 해요. 그런데 정교사 외에도 1년에 성범죄 결격 조회만 150건에서 200건 정도 하는 거 같아요. 그 정도로 학교에 사람 오가는 이동량이 많아요."

전 학년을 합쳐 열다섯 개 남짓한 학급을 갖춘 작은 학교지만, 이곳에도 매년 수백 명의 사람이 오간다. 이 많은 사람이 저마다의 역할과 업무를 충실히 해내고 있기에 학교라는 공간과 기능이 유지된다. 그리고 이들의 업무가 원활하게 진행되도록 안내하고 지원하는 사람이 필요하다. 그게 바로 양윤숙의 역할이다. 그러니 그는 자신의 직업을 이리 설명한다.

"교무실무사는 학교 운영의 많은 부분을 알아야 하는 자리라고 생각해요."

교무실무사 직종이 생겨난 까닭은 교사들의 행정 업무 부담을 줄이고자 하는 데 있었다. 학교에서 일하는 사람들을 만나면 직종을 가리지 않고 한결같이 토로하는 것이 '과도한 서류/공문 작업'이다.[20] 학교도 공공기관 중 하나이고, 그런 까닭에 지우개 하나 구입하는 데도 (예산)품의를 작성해야 하는 일이 벌어진다. 교사들의 행정 처리 업무가 과도하다는 원성이 높아지자, 이를 전담할 직군을 만든 것이다. 행정 업무, 공문 접수 및 배분, 문서 정리, 관련 부서 업무 지원 등 "학교에서 일어나는 교육 전반의 업무 중 실제 수업 활동과 관련이 적지만, 교무실의 각종 행정 업무"가 교무행정실무사의 역할로 규정되어 있다.[21]

---

[20] 2016년 초등학교 교원이 공문 처리를 위해 NEIS에 접속한 시간은 하루 4.4시간이라는 발표가 있었다. 8시간 근무 중 반 이상을 행정·공문 처리에 사용한다는 사실이 국정감사(2017년 11월)에 오르기도 했다.

[21] 교무실무사의 역사를 살펴보면, 1998년 7월 국정과제 점검 회의에서 교원 업무 경감 대책 강구가 화두로 오른 바 있다. 2000년에 '교원지위향상을 위한 특별법'이 제정되었고, 2001년 각 시·도 교육청에 하달된 '교원 사무보조인력 배치 관련 협조 요청'에 근거해 인력을 배치했다. 2012년 교육지원 전담팀이라는 이름하에 전국적으로 배치되었다.

'수업 활동과 관련이 적은 행정 업무'라 하지만, 실제 전담사들이 하는 일에는 출석 체크, 시험 일정 정리, 학적부 입력 등도 들어간다.

"전학 가는 학생이 있으면 전학 수속도 챙기고요. 해외로 가서 출결 처리를 해야 하는 학생의 경우, 저희가 출입국관리소에 요청해서 이 학생이 정말로 출국을 했는지도 알아봐야 해요. 그런 업무 처리도 하죠."

교무실무사는 '행정 시스템'이라는 이름 아래 들어가는 모든 사무 업무에 관여하고 있다. 학교의 유일한 교무 지원 인력인 교무실무사는 대개 학교마다 한두 명씩 배치된다.[22] 이 한두 사람이 학교의 행정 처리 시스템을 가장 잘 이해하는 사람일 수밖에 없다.

"예전에는 이 일이 '교무행정보조'라는 이름으로 불렸다네요."

교원업무보조원이라고도 불렸다. 지자체마다 조금씩 명칭이 달랐지만, '보조'라는 명칭은 꼭 따라왔다. 이들의 이름은 2013년에 '실무사'로 개정된다.

"저를 비롯한 실무사 선생님들은 거기에 안주하려고 하지

---

[22] 학교의 교육실무사 배치 기준은 시·도 교육청의 당해 예산에 따라 임의로 결정된다. 보편적으로는 14학급 이하의 학교에 2명, 15~29학급의 학교에 3명, 30학급 이상 학교에 4명이 배치된다(2023년 경기도 교육청 기준).

않아요."

거들고 도우는 사람이라는 의미로 '보조'로 불렸다가 그 수가 늘고 목소리가 모이면서 실무(사무)를 보는 사람이라는 의미의 '실무사'로 이름이 전환되었다. 하지만 이들은 명칭을 바꾸는 정도로 멈추지 않으려고 한다.

"전산 시스템 관련 표준 매뉴얼이 필요하고요. 그 매뉴얼을 사용해서 우리 업무를 전문적으로 발전시키려면 연수나 교육도 필요하죠. 더 나아가 우리가 직접 학교나 교육청에 교육 프로그램을 마련해 달라고 요구하기도 하고요.[23]

전문 영역 교육은 고사하고, 교무실무사들은 교원과 공무직을 대상으로 하는 연수 기회조차 자주 박탈당한다. '교무실을 지켜야 한다'며 연수에 빠질 것을 요구받은 실무사들의 토로와 고민 상담을 온라인 공간에서 접할 수 있다. 교육청에서 제공하는 「교무행정팀 구성 및 운영 매뉴얼」[24]을 보면, 교무

[23] "공무직은 항상 제외돼요. 학적 연수가 매해 있는데 교사를 위한 연수지, 공무직을 위한 연수는 거의 없어요. 연수 없이 매뉴얼 주고 '알아서 해' 이거죠. 방과후 업무도 마찬가지고요. 연수가 필요하다고 하면 그때마다 찔끔찔끔 줘요. 전문성을 가지고 해야 하는 업무인데도 전문성 없이 현장에 투입되는 게 문제죠. (…) 연수 기회가 제공돼도 교무실을 지켜야 한다는 이유로 실무사 2명이 있다면 둘 중 하나만 가라고 해요. 언젠가는 해야 하는 업무이고, 공통으로 들어야 하는 연수인데도요."(「존재하나 '근거' 없는 사람들 "교육공무직법 통과 바랍니다"_ 교무실무사 임미숙 선생님」, 신재용, 오마이뉴스, 2023. 7. 3.)

[24] 동국대 사범대학 교육연구원(연구 총괄 조상식)이 작성한 「교무행정팀 구성 및 운영 매뉴얼」(2016년)

행정 운영의 기본 원칙으로, 교무실무사를 전문적인 업무의 주체로 인식하여 "고유한 업무와 이에 따른 권한 및 책임"을 부여해야 한다고 말하고 있다. 이에 따라 업무 능력 향상을 위한 다양한 연수와 교육이 지원되어야 함을 지적한다. '업무 표준화'도 운영 원칙 중 하나이다. 2016년에 배포되었으니, 양윤숙이 학교로 오기도 전에 마련된 매뉴얼이다.

그러나 오늘날에도 교무실무사를 '보조' 역할에 불과하다고 여기는 시선은 여전하다. 전산 시스템 매뉴얼 작업은 아직도 해결해야 할 과제이고, 업무 표준화(업무분장 문서화)는 학교장의 의지에 따라 달라지거나 교무실무사 개개인의 처세와 노력, 분투에 의해 좌우된다. 양윤숙은 9년 전 학교로 왔다. 그가 내게 보여 준 업무분장표는 10년 가까운 세월 동안 쌓아 올린 분투의 산물일지도 모른다.

우리가 모르는 노동

양윤숙을 만나기 전, 나는 종종 교무실무사가 어려운 일 없이 한가한 자리라는 소리를 들었다. 학교에서 일하는 사람들이 하는 소리였지만, 학교 밖의 인식도 별로 다르지 않았다. 일이 어렵지 않은 자리이니, 자신도 그 자리에 취직하고 싶다는 소망을 담은 이야기들이었다. 실무사뿐 아니라 학교 내 공무직은 경력 단절 시기를 겪은 기혼 여성이 많이 찾는 일자리라는 인식이 있다.

"물론 한가할 때도 있죠. 일의 흐름이라는 게 있으니까요. 저도 출산 전엔 은행에서 직장 생활을 했는데, 모든 직장인이 일주일 내내 모든 시간 동안 바쁘진 않잖아요. 학교 업무는 매일매일이 달라요."

여러 방면에서 챙겨야 하는 지원 업무가 있고, 때가 되면 돌아오는 다양한 행사도 있다. 무엇이건 깔끔하게 처리해야 한다.

"저는 학생이 적은 학교에 근무하지만, 보통은 학급 수가 이 학교보다 두세 배 많아요. 그런 학교에서 나 혼자 지원 업무를 다 할 수 있을까. 생각만 해도 아찔할 때가 있어요."

양윤숙도 아찔한 순간이 있었다. 코로나19 바이러스가 확산되면서 학교는 비대면 수업으로 전환해야 했다. 학교가 텅 비었지만 일은 더 많아졌다.

"화상으로 수업을 듣잖아요. 문제가 발생하면 교무실로 바로 전화가 오는 거예요. '컴퓨터에 프로그램 설치가 안 된다. 화상 수업 화면 창이 안 열린다. 소리가 들리지 않는다.' 학생들만 전화하는 게 아니에요.. 교사분들한테도 전화가 와요. '출결 데이터가 보이지 않는다'부터 시작해서. 그걸 실무사들이 다 응답하고 해결해야 했던 거죠. 코로나19가 좀 잠잠해지면서 학생들이 학교에 오고, 그때부터는 매일 체온 측정을 했어요. 보건교사가 담당하는 업무지만, 인원이 많으니까 교무실무사에게 협조를 요청한단 말이에요. 그럼 백여 명을 붙잡고 열 체크를 해요. 학생들도 그렇지만 저희도 얼마나 불안했겠어요. 열이 나는 학생을 분리 조치 하는 일도 실무사가 했어요. 게다가 방역 용품은 또 얼마나 많아요. 그걸 다 체크하고 구매하고 나눠 주고."

모두가 어려웠던 시기다. 그런데 팬데믹 여파로 인해 이뤄진 '치유와 회복을 위한 힐링 연수' 프로그램은 교원들에게 집중됐다. 실무사들은 저만치 물러나야 했다. 같이 일하고 함께 시달렸다. 그런데 노고를 인정받는 직군은 따로 있었다. 이런 일은 빈번했다. 대표적인 것이 바로 민원 처리다.

학생들은 점심시간만 기다리지만, 학교에서 일하는 사람들은 점심시간이 따로 없는 경우가 많다. 조리사와 영양사는 말할 것도 없고, 특수교육실무사는 자신이 담당하는 학생과 같이 식사를 하기도 한다. 점심시간의 여유를 누리지 못하는 건 양윤숙도 마찬가지. 그는 교무실 책상에서 점심을 먹는다.

"이 학교에선 담임교사 외에는 모두 교무실에서 식사하고 있어요. 점심시간에 걸려 오는 전화를 받자는 취지인데, 애로사항이긴 하죠."

휴식 시간을 포기하고 자리를 지켜야 할 정도로 전화가 많이 걸려 온다. 개학일처럼 특정한 날에는 전화통에 불이 난다는 비유적 표현을 몸소 겪게 된다. 정해진 업무를 하는 틈틈이 전화 대응까지 해야 한다.

"오후에는 보통 예산 관련한 일을 해요. 자재 구매하고 품의 올리고. 그러는 동안 전화가 계속 와요. '오늘 몇 교시까지 하나요?' 이런 사소한 질문부터 '아이가 아픈데 담임선생님에게 이야기를 전해 주세요.' 같은 요청도 비일비재해요. 일하다가 전화받고, 응답하고, 담당자랑 연결해 주고. '멀티'가 되어야 하는 거죠."

이런 전화 중에는 곤란한 민원도 섞여 있다. 양육자들이 교사에게 항의하는 민원만 있는 것이 아니다. 운동회라도 하면 인근 주민들의 항의가 빗발친다. '시끄럽다. 소리를 줄여라.' 좋은 감정으로 말하는 사람은 적다. 안 그래도 운동회 날에 초등학생들이 주민들에게 사과를 하는 영상이 세간에 회자된 적이 있다. "죄송합니다. 오늘 저희 조금만 놀게요. 감사합니다." 초등학생들이 직접 소리 높여 '죄송하다'고 외치는 영상을 씁쓸하게 보는 사람이 많았다. 집값이나 접근성을 이유로 학교가 아파트 단지 인근에 있기를 바라면서도 학교가 빚어내는 소리는 소음으로 치부한다.

그런데 학생도 교사도 모두 운동장에 나와 있는 운동회

날, 주민들이 걸어오는 항의 전화는 누가 받을까. 교무실에 남은 교무실무사가 그 많은 민원을 응대한다.

"저희 일은 감정 노동이기도 해요."

한적한 교무실에서 혼자만 아는 고충이다.

"많이 힘들어요. 이런 문제를 이야기해 봐도 전화를 받는 사람은 결국 교무실에서 일하는 저뿐이니까요. 다른 사람들은 내 안에 감정이 쌓이는 걸 모르는 거죠."

존중을 배우는 학교

하는 일이 제대로 드러나지 않는다. 그러니 고충도 해결되지 않는다. 우리는 어떤 일을 쉽다고 생각할까? 중요하지 않은 일? 필수적이지 않은 일? 아니다. 바로 우리가 잘 모르는 일이다. 다른 이가 어떤 노동을 하는지 모를 때 그 일이 쉬워 보인다. 양윤숙은 인터뷰를 마치고 드럼을 치러 간다고 했다.

"멋지네요."

나는 이번에도 진심으로 말한다.

"이렇게라도 스트레스를 해소해야죠."

멀티플레이어가 되길 요구받는데, 세상은 그 일이 쉽다고만 단정 짓는다. 그러나 다들 내심 알고 있다. 세상에 쉬운 일은 없다. 쉬워 보이는 일이 있을 뿐이다. 직장인들이 흔히 하는 말이 있다. 누군가가 하는 일이 수월해 보인다면, 그건 그 사람이 일을 잘하고 있기 때문이라고.

"학교에서 일하지만, 내가 정말로 교육 활동에 보탬이 되는 노동자가 맞는지 괴리감이 들 때가 있어요. 교육 현장에서 학생들을 위해 업무를 지원하고, 교육 통계처럼 교육 현실에 중요한 정보를 알리는 역할도 하고 있다고 생각하지만, 그럼에도 우리 일을 소홀하게 보는 시선이 있으니까요. 그래서 저는 교무실무사가 어떤 일을 하는지 알리는 게 더욱 중요하다고 생각해요."

처음 만난 자리에서 그는 인터뷰에 응한 이유를 밝혔다. 그리고 미리 준비해 온 말로 자신을 소개했다.

"저는 학교에서 교무실무사로 일합니다. 교육 현장에서 아이들이 자라고 성장하는 걸 지켜보고 이를 도우면서 커다란 보람을 느끼는 사람입니다. 또 학교 교육이 지식 학습에 국한되지 않고, 학교에서 보내는 일상의 시간에서 학생들이 일하는 사람들을 향한 존중을 배울 수 있기를 바라는 사람이기도 합니다."

양윤숙이 교무실무사의 고충과 권리, 더불어 일의 보람과 의미에 관해 말하기를 멈추지 않는 이유다. 그는 일하는 사람은 누구나 존중받고 평등하게 대우받아야 한다고 생각한다.

자신이 속한 학교가 그러한 일터가 되기를 바란다. 왜냐하면 이곳이 학교이니까.

"결국 평등한 일터에서 평등한 교육이 가능하다고 생각해요."

개학식, 축제, 운동회, 졸업식 같은 학교 행사에도 참석하시나요?

'참석'이라는 게 어떤 의미냐에 따라 좀 달라질 것 같아요. 선생님들처럼 학생들 인솔하고 같이 즐기는 그런 참여는 솔직히 어렵죠. 하지만 행사가 매끄럽게 진행될 수 있도록 뒤에서 꼼꼼하게 준비하고 지원하는 역할은 누구보다 열정적으로 하고 있습니다.

예를 들어 볼까요? 개학식이나 졸업식에서는 행사에 필요한 서류 준비부터 자리 배치 및 안내문 제작까지, 학생들이 새 학년을 시작하고 졸업생들이 멋지게 마무리하는 그 순간을 위해 보이지 않는 곳에서 바쁘게 움직입니다. 축제나 운동회 때도, 선생님들과 학생들이 신나게 즐길 수 있도록 필요한 물품을 준비하고, 행정적인 지원을 도맡아 하죠. 만약 제가 준비한 것들이 하나라도 빠지면 행사가 삐걱댈 수도 있거든요. 솔직히 행사가 한창일 땐 무대 위나 운동장에서 같이 웃고 즐길 여유는 별로 없어요. 다음 스텝은 뭔지, 혹시 빠뜨린 건 없는지 체크하느라 정신이 없죠. 그럼에도 불구하고, 수많은 준비 끝에 행사가 무사히 끝나고 학생들이 환하게 웃는 모습을 보면 저도 모르게 뿌듯함이 밀려옵니다. '아, 내 손길이 닿은 행사 덕분에 모두가 즐거웠구나.' 하는 생각에 피로가 싹 가시죠.

교무실무사 - 양윤숙

멀티플레이어로 일하고 계신데, 많은 일을 빠르게 잘 처리하는 노하우가 있으신가요? 일을 잘하는 비법을 알려 주세요.

교무실무사로서 다양한 업무를 동시에 처리하며 '멀티플레이어'라는 말씀을 듣게 되어, 기분이 좋네요. 저만의 몇 가지 노하우를 공유해 드리고자 합니다.

1. 업무의 우선순위 설정: 모든 업무가 급해 보일 수 있지만, 긴급성과 중요도를 기준으로 업무를 분류하여 가장 시급하고 중요한 일부터 처리하는 원칙을 세웁니다.

2. 유사 업무의 통합 처리: 성격이 비슷한 업무들은 한 번에 모아서 처리하는 것이 효율적입니다. 예를 들어, 여러 건의 공문 발송이나 자료 취합과 같은 반복적인 업무는 특정 시간을 정해 일괄적으로 처리하는 거죠.

3. 집중을 위한 환경 조성: 불필요한 알림을 끄거나, 잠시 외부와의 단절을 통해 오롯이 현재 업무에만 몰입하는 시간을 확보합니다.

4. 적절한 휴식을 통한 재충전: 잠시 자리를 비우거나, 짧은 스트레칭, 차 한 잔의 여유 등을 통해 뇌에 휴식을 주고 재충전의 시간을 갖는 것이 중요합니다.

5. 업무 루틴의 구축: 매일 반복되는 업무에 대한 자신만의 루틴을 구축하는 것도 좋은 방법입니다. 예를 들어, 오전에 급한 서류 작업을 처리하고, 오후에는 비교적 단순하지만 꾸준히 해야 하는 행정 업무를 배치하는 식입니다.

6. 현실적인 목표 설정: 모든 업무를 완벽하게 처리하

려는 부담감은 오히려 업무 속도를 늦출 수 있습니다. 현실적인 목표를 설정하여 업무를 완수하는 데 집중합니다. 때로는 '완벽'보다는 '완료'에 초점을 맞추는 유연한 자세가 필요합니다.

결론적으로, 교무실무사로서 업무를 효과적으로 수행하는 비법은 단순히 빠르기만 한 것이 아니라, 어떤 업무를 우선 어떻게 처리해야 학교 행정의 전체적인 흐름이 원활하게 유지될 수 있을지 끊임없이 고민하고 실행하는 능력에 있다고 생각합니다. 더불어, 선생님들과의 원활한 소통과 협력은 모든 업무를 성공적으로 이끄는 가장 중요한 요소입니다.

학교에서 제일 좋았던 순간이 있으실까요?

학교 행사가 성공적으로 마무리될 때죠. 개학식, 축제, 운동회, 졸업식 등 학교의 크고 작은 행사들이 아무런 문제 없이 순조롭게 진행되고 마무리되었을 때 큰 만족감을 느낍니다. 학생들이 즐거워하고 선생님들이 본연의 업무에 집중할 수 있는 모습을 볼 때, 우리의 기여가 빛을 발했다고 생각하며 뿌듯함을 느낍니다. 또 복잡한 행정 업무를 깔끔하게 처리했을 때도 기분 좋은 순간이지요. 난해한 문제들을 관련 규정을 찾아보고, 관계 부서와 소통하며 해결의 실마리를 찾아내어 최종적으로 깔끔하게 처리했을 때 남다른 성취감을 느낍니다. "덕분에 일이 잘 해결되었다"는 진심 어린 한마디는 우리가 묵묵히 수행하는 업무의 가치를 다시금 깨닫게 해 줍니다. 결국 교무실무사가 기분 좋은 순간은 단순히 업무를 마쳤을 때보다, 우리의 노력이 학교 전체의 원활한 운영과 구성원들의 만족으로 이어지는 것을 체감할 때라고 할 수 있습니다. 보이지 않는 곳에서 묵묵히 제 역할을 다하며 학교라는 큰 조직이 유기적으로 움직이도록 돕는 것이 바로 교무실무사의 가장 큰 보람인 셈이죠.

⑧
K-급식의 동상이몽

조리실무사
박화자

"〈흑백 요리사〉 보셨어요?"
넷플릭스 시리즈 〈흑백요리사: 요리 계급 전쟁〉(2024)의 여파가 가시지 않은 어느 날, 박화자를 만났다. 그에게 '급식 대가'에 관해 물어보고 싶었다. '급식 대가'는 〈흑백 요리사〉에 출연한 이미영 씨의 닉네임이다. '급식 대가'는 정년 퇴임 한 초등학교 급식 조리사로 쟁쟁한 '셰프'들 사이에서도 밀리지 않는 실력을 선보이며 인기를 끌었다.
"보면서 놀라웠어요. 우리 직업이 저 요리사들과 겨루는 게 가능하구나."
박화자도 같은 직업을 가졌다. 급식실 조리실무사(이하 조리사).
"놀랍고 진심으로 이기면 좋겠고, 한편으로는 '급식 대가'님이 가여울 때도 있고 그랬어요."
가엾다니?
"그분이 채소 100인분을 거뜬히 다듬는 장면에서 사람들은 감탄했지만, 같은 일을 하는 입장에서는 보면서 마음이 아팠거든요. 급식은 정말 속도전이에요. 급식실에서 두세 명이 몇백 인분의 요리를 만들어요.

조리실무사 - 박화자

한 명이 100인분 요리를 매일 해요. 숙달되어서
저 정도는 거뜬히 한다지만 그러는 동안 사실
우리 몸은 골병들어 가는 거잖아요."
감탄이 나올 정도로 빠른 '급식 대가'의 손놀림에서
박화자는 시큰거릴 그의 손목을 본다.

학교급식을 위한 시설과 설비를 갖춘 학교는 「초·중등교육법」에 따른 영양교사와 「식품위생법」에 따른 조리사를 둔다.

— 「학교급식법」 제7조 제1항

'아줌마'에서 '여사님', 그리고 '조리사님'까지

"급식실에 들어서면 정말 '오늘도 하루를 무사히 보내자.'라는 마음이에요. 음식이 늦으면 안 되고, 모자라면 안 되고, 맛이 안 나도 안 되고, 위생에 문제가 생겨도 안 되니까. 무사히만 마치자. 해치우듯이 만들거든요. '빨리빨리'가 입에 붙을 정도로. 빠르고 맛있게. 그런데 음식이 딱 나오고 아이들이 와서 급식을 먹는 순간에는, '잘했구나' 싶죠. 내 손을 거쳐서 이런 음식이 만들어진 거잖아요."

학생들이 잘 먹는 걸 볼 때가 최고다.

"심사위원이 아이들이었으면 우리(급식 대가)가 1등 아니었을까요?"

아이들의 1등이 맞나 보다. 2024년에는 국회 의원회관에서 급식 조리사의 현실을 다룬 전시가 열렸다. '연대의 숨-결: 학교급식 노동자의 폐암 문제와 함께하는 시선전(展)'. 이

날 전시에는 학교급식 노동자를 응원하는 작품 공모전의 수상작들도 함께 걸렸는데, 관객들을 유독 미소 짓게 한 작품이 있었다. 초등부 대상을 받은 정하진 학생의 그림이었다. 조리사 복장을 한 인물들 그림 옆에 적힌 문구는 이랬다.

"급식 선생님들이 힘들지 안게 급식 수를 줄려야 합니다. 노동자들이 힘든 일를 하니까 한 달에 1억을 조야 합니다."

1학년이라 다소 어긋난 맞춤법이 귀엽기도 하고 그 진심이 고맙기도 해, 전시회에 온 조리사들은 이 작품 앞에 오래 머물렀다. 학생들에게 급식실 선생님은 1억 원을 줘도 아깝지 않은 일을 하는 사람으로 비친다. 그러나 현실은 그렇지 못했다. 박화자가 급식실에 취업한 것은 지금으로부터 20년 전. 삼십 대 중반 나이에 '여사님' 소리를 들었다. 그 시절엔 급식실에서 일하는 사람을 그리 불렀다. 잘 불러 주면 여사님이고, 아니면 아줌마였다. 일하는 사람을 존중할 줄 모르는 학교의 태도가 호칭으로 드러났다.

"외환위기를 거치고 다시 직업을 가져야겠는데 아이들이 너무 어리다 보니 자녀를 키우면서 할 수 있는 일이 없을까 알아봤어요. 그러다가 학교마다 급식실이 있다는 사실을 알게 됐고. 평일 아침에 출근해서 오후에 퇴근하고, 주말에 쉬고 방학 때도 쉰다니까. 아, 자녀들과 시간을 보내면서도 일할 수 있겠구나 싶어서 이 일을 시작한 거죠."

하지만 쉬운 일이 아니었다.

"밖에서 보면 그냥 밥 한 끼 만드는 일이라고 생각할 수 있잖아요. 그런데 급식실은 시스템이 꽤 복잡해요. 어떤 실수도 없이 매일 수백 명의 식사를 책임져야 하는 곳이니까요. 동료들끼리 업무 분장이 다 되어 있어요. 규율이 촘촘하게 잡혀 있는데 그게 누가 정해서 내려 주는 게 아니라 직원들끼리 만든 분업 시스템이 대를 이어 내려오는 거예요. 그게 참 놀라웠어요. 각자의 업무가 다 정해져 있기 때문에 한 명이라도 삐걱거리면 안 돼요. 톱니바퀴처럼 돌아가야 해요. 그 시스템이 몸에 익어서 기계처럼 돌아가는 거죠. 숙달되는 거예요."

숙달은 저절로 이뤄지지 않는다. 고생이 동반했다.

"학교니까 근무 환경이 좀 낫지 않을까 싶었는데 막상 가 보니 학교가 더해. 살면서 처음 겪어 보는 노동강도인 거예요. 그때는 조리실 환경이 더 나빠서 냉난방 시설도 제대로 갖춰지지 않았어요. 겨울에는 엄청 춥고 여름에는 엄청 덥고. 추운 날은 손이 곱아서 칼질이 안 되니까 큰 솥에 물을 팔팔 끓인 다음에 장갑을 넣고 손을 녹여 가면서 일했어요."

몸보다 더 고된 건 마음이었다.

"집에 가면 나도 누군가의 소중한 엄마고, 딸이고, 아내고, 동생인데 일터에서는 왜 무시당해야 하지? 그런 생각이 들더라고요. 그래도 동료 언니들이 신입 직원 왔다고 잘 챙겨 줘서, 그래서 그 시간을 버틴 것 같아요."

5년을 버텼다. 더는 안 되겠다 싶던 날, 노동조합에 전화를 걸었다. 다른 학교 조리사들이 노동조합에 가입했다는 이야기를 어디선가 들은 기억이 있었다.

"노동조합에 전화하니까 거기 사람들이 '학교로 갈게요.' 하는 거예요.. 학교로 오지 마시고 학교 밖 카페에서 보자고 했어요. 우리 (급식실) 언니들하고 같이 나갔는데, 언니들이 본인 이야기를 하면서 막 우는 거예요. 나중에 '왜 울었어?' 물어보니까, 자기 이야기를 들어 주는 사람이 있어서 감격스러웠다는 거예요. 그동안은 서러워도 어디 가서 말을 못 했던 거죠. 내 직업이 못나 그런가 싶어서."

당신들이 못났거나 잘못해서가 아니라 정당한 대가와 대우가 주어지지 않았을 뿐이라는 이야기를 들으니 눈물이 났다고 했다. 이제부턴 울지 말고 요구할 건 요구하자고 서로 다짐했다. 노동조합에 가입하고 단체행동이 무엇인지도 알기 시작하자, 교직원들의 태도가 변했다.

"전보다 조심스럽게 대하는 거예요."

차차 '아줌마'가 '선생님'으로, '여사님'이 '조리사님'으로 바뀌어 갔다.

K-급식에 진땀 빼는 사람들

"시대가 달라졌잖아요. 급식을 다양화한다면서 세계 여러 나라 음식을 선보이기도 하고, 신메뉴를 개발하기도 하고 수많은 시도를 해요. 급식 메뉴에 변화가 없으면 민원이 들어오는 경우가 있어서 영양사 선생님들도 스트레스를 많이 받고요. 그런데 새 메뉴는 대부분 우리가 먹어 본 적도, 만들어 본 적도 없는 음식인 거예요. 조리법이 있다 한들 생전 처음 접한 음식을 만드는 건 여간 힘든 일이 아니에요. 그것도 짧은 시간 내에 많은 양을 만들어야 하니까."

미국 등 학교급식에 공공 예산을 제대로 사용하지 않는 국가와 비교하며 'K-급식'을 자랑스러워하면서도 불 앞에서 종일 음식을 찌고 볶고 끓이는 사람은 쉽게 잊는다. 학생들이 먹는 음식이 화려하고 다양해질수록 조리사는 진땀을 뺀다.

"최근에는 경기도교육청이 '자율 선택 급식'이라고 해서, 밥 종류만 서너 가지에 김치 종류 두 가지, 샐러드바처럼 먹고 싶은 반찬을 선택해서 먹을 수 있게끔 하는 시스템을 확대한다고 해요."

일명 카페테리아식 급식. AI 푸드 스캐너 인식을 통해 학생 개별의 식사 섭취량과 음식별 기호를 분석해 맞춤형 급식을 제공한다는 계획도 등장했다. 교육청이 홍보한 대로, 메뉴를 고를 자율권이 보장되어 학생들의 행복이 실제로 향상될지는 미지수다. 분명한 것은 조리사의 행복은 고려되지 않았다는 사실이다. 교육청은 조리 종사자들의 노동강도를 경감하기 위해 조리 과정에 튀김 자동화 기계를 도입하겠다고 했다. 사람이 하는 일을 대체하는 자동화 기계 도입에 신중해야 한다는 일반론은 차치하더라도, 현장에서 일하는 사람들은 교육청이 내놓은 대안들이 본질을 비껴갔다고 지적한다.

"조리실무사 한 명이 담당하는 인원을 현실에 맞게 줄여야죠."

이들이 요구하는 건 급식실 직원 충원이다. 현재 조리사 한 명이 책임지고 있는 급식 인원은 100명이 넘는다. 한 사람이 100인분의 음식을 만드는 게다. 서울이나 경기도에선 조리사 한 명이 200명의 식사를 책임지기도 한다. '급식 대가' 이미영 씨가 채소 100인분을 가볍게 손질한 데에는 다 이유가 있다.

박화자도 여러 학교를 옮기며 일해 왔다. 한 학교에 길게는 8년을 있었다. 학생들이 점심시간마다 밥을 먹으러 뛰어오고, 시간이 흘러 학교를 떠나는 모습을 숱하게 지켜보았다.

"1학년 때는 나물도 제대로 못 먹고 이러던 아이들이 졸업할 때는 나물은 물론이고 이런저런 반찬도 잘 먹으면서 커 가는 모습을 저희는 다 보거든요. 감회가 남다르죠. 첫 학교였는데, 졸업한 아이들이 스승의날에 카네이션을 가지고 급식실을 찾아온 적 있어요. 어떻게 졸업해서도 우리를 잊지 않고 찾아왔지? 정말 다 같이 기뻐했어요. 10년 전 일인데 아직도 그 기억이 있어요."

그러니 잘 먹이고 싶다. 다만 마음을 담아 하는 일이 자신들의 건강을 위협하는 현실이 슬플 뿐이다. 몇 년 사이 급식실 조리사 폐암 문제가 세상에 알려졌다.[25] 박화자 역시 동료를 폐암으로 잃었다.

카네이션과 국화

도맛소리만 요란할 것 같은 조리실엔 사실 숱한 위험이 숨어 있다. 불, 연기, 가스, 분진…. 특히 가스를 오랫동안 들이마시면 폐가 상한다.

"튀김, 구이, 조림. 이런 요리를 매주 한두 번 이상은 해요. 문제가 뭐냐면 후드(공기 배출 장치)가 개선 안 된 곳이 많은 거

---

[25] 산업재해로 인정된 폐암 진단 급식노동자가 175명이다(2025년 4월 기준). 이 중 13명이 목숨을 잃었다. 2021년 2월, 학교 급식실 조리사가 폐암으로 첫 산재를 인정받은 후 17개 지자체 교육청이 경력 10년 이상, 55세 이상인 조리원들을 대상으로 건강검진 전수조사를 실시하였다. 8,000여 명의 급식노동자 중 60여 명이 폐암으로 의심되고, 이들을 포함한 1,600여 명이 폐에 양성 결절 등 질환을 지닌 것으로 밝혀졌다.

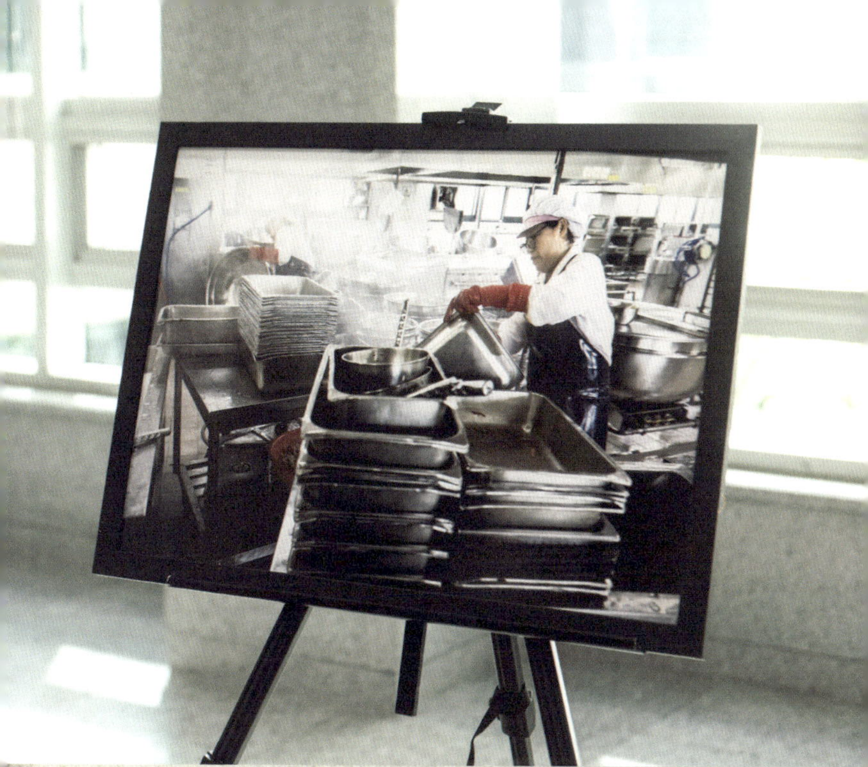

위생만큼 안전도 중요해요!
학교급식노동자가 안전하게 일할 수 있도록 안전 스티커를 붙여주세요~

위생복 상하의, 위생장화, 고무장갑, 고무장갑 안에 면장갑, 방수 팔토시, 방수 앞치마, 마스크, 머리카락이 보이지 않게 착용해야 하는 위생모까지 쓰고 나면 신체 중 외부로 노출된 부분은 눈밖에 없다. 이렇게까지 몸을 꽁꽁 싸매는 가장 큰 이유는 '음식의 위생'을 지키기 위해서다.
출처 : 경향신문 김한솔 기자 "당신은 무슨 옷을 입고 일하시나요"

예요. 학교마다 급식실이 생긴 지도 20년이 훌쩍 넘었으니까, 시설이 낡아서 성능도 떨어지고 고장도 많이 나는데 제때 보수가 안 되는 거죠. 일하는 사람은 숨쉬기도 힘들어하는데 바로바로 고쳐 주질 않아요. 예산 문제도 있고, 일단 매일 점심이 나가야 하니까 학교도 차일피일 미루는 거예요."

박화자가 속한 노동조합은 때때로 학교 급식실을 점검하러 간다. 환기 시설 등을 제대로 갖췄는지 확인하기 위해서다. 휴지 조각을 길게 찢어 들고 다녔다.

"후드에 휴지를 대보는 거예요. 빨려 들어가는지."

휴지가 기운 없이 흐느적거리면 환기력이 충분하지 못한 것이다.

"노후화된 거죠. 한 학교에 점검을 나갔는데, 조리가 다 끝난 시간인데도 들어가자마자 가스 냄새가 확 나는 거예요. 여기서 어떻게 일하나 싶을 정도로."

일하다가 아픈 사람이 하나둘 생겨났다. 작년 12월, 그의 지인이던 12년 차 조리사가 폐암으로 세상을 떠났다.

"혜경이는 눈에 띄는 친구였거든요. 정말 정말 예쁜 얼굴에 늘 환하게 웃는 그런 친구였어요."

그런 친구가 투병으로 야위어만 갔다. 3년을 병상에서 보냈다. 병가 기간이 끝나 사표를 써야 할 때 이혜경 씨는 몹시 서운해했다고 한다.

"자기는 너무 좋았대요. 학교에서 아이들 밥 챙겨 준 시간이. 이 일을 한 지 10년, 20년 된 사람들 마음이 다 그래요. 너무 골병들고 아픈데 못 그만둬요. '애들 밥해 줘야 돼.' 만날 이 소리를 해요. 그러면 제가 막 뭐라고 하죠. 밥 하루 안 나가면 큰일 나고."

큰일 나는 줄 알 만도 했다. 실제로 식사가 조금만 늦게 나와도 학교가 발칵 뒤집혔다. 늘 시간에 치이며 '빠르고, 맛있게'를 외쳤다. 그런데도 그 시간을, 나를 아프고 병들게 한 일터를 좋아했단다.

근로복지공단은 이혜경 씨의 폐암을 산업재해라고 인정했다. 그가 세상을 떠난 뒤, 박화자를 비롯한 노동조합 동료들은 경기도교육청 앞에 분향소를 세웠다. 추운 겨울이었다. 경찰이 출동하고, 분향 물품이 부서졌다. 결국 분향소는 교육청 앞에서 지하 1층으로 밀려났다. 애초 분향소를 설치하고자 했던 교육청 앞마당에는 며칠 전만 해도 다른 이의 추모 공간이 있었다. 서이초 교사의 분향소였다(삼가 고인의 명복을 빈다). 보는 눈이 적은 곳으로 치워진 이혜경 씨의 분향소에선 국화꽃이 날씨를 이기지 못하고 얼었다. 향마저 불이 잘 붙지 않았다.

급식실 노동자 폐 질환 문제가 드러나자 각 시·도 교육청은 환기 시설 점검과 개선을 약속했다. 약속은 지켜지고 있을

까? 조리 로봇 이야기가 수면 위로 올라온 채 한 해가 지났다. 그러는 사이 이혜경 씨의 기일이 돌아왔다. 학생이 준 카네이션만 기억할 수 있다면 좋겠지만, 박화자의 마음 한편에는 언제나 하얀 국화가 단단히 자리하고 있다.

누군가를 먹여 살리는 감각

지금 급식실은 일할 사람이 없어 진통을 겪고 있다. 인원 충원을 말하지만, 결원이 생겨도 새로운 사람이 들어오지 않는다. 급식실 조리사를 하겠다고 지원하는 이가 없고, 들어와도 금세 떠난다.[26] 일이 힘들다고 소문이 나는 바람에 사람들이 들어오고 싶어 하지 않는 자리가 된 것이다. 실제로 조리실무사 결원율이 20퍼센트를 넘어섰다. 열 명이 일해야 하는 곳에서 여덟 명이 일하고 있는 실정이다(서울의 경우, 조리실무사 한 명이 139명의 식사를 도맡는다).

박화자는 오랫동안 자신이 해 온 일이 아무도 반기지 않는 천덕꾸러기가 된 것 같아 씁쓸하다. 교육청은 이들의 고됨

[26] 2023년 시·도 교육청이 제출한 자료에 따르면, 학교급식조리사 퇴직자 가운데 자발적 중도 퇴사자는 2020년 40.2퍼센트에서 2022년 55.8퍼센트까지 늘어났다. 열 명 중 네 명 가까이는 6개월 이내 퇴사한다(2022년 기준, 6개월 이내 퇴사자 수 36.6퍼센트).

과 쓸쓸함을 자동화와 인공지능이라는 말로 대체하려고 한다. 사람이 부족하면 기계를 사용한다. 기계는 하얗게 가스가 찰 폐도 없고, 시큰거리는 손목도 없으니까. 그렇지만 누군가를 먹이는 일이 기계로 대체되기 용이한 단순 업무로 여겨져도 괜찮은 걸까?

급식실 사람들을 만나 인터뷰할 때면, "일할 때 어느 순간이 가장 좋으세요?" 같은 질문을 던질 필요도 없었다. 그도 알고 나도 알았다. "잘 먹겠습니다." "맛있어요!" "또 먹고 싶어요." 이런 말이 오가는 순간, 일의 고단함이 단숨에 보상된다. 집에서 한 끼 밥을 하는 나도 아는 감각이다. 누구를 먹이기 위해 요리를 해 본 적이 있다면 모를 수 없는 감각이다. 사람을 기계가 대체해 버린 공간에서 그런 기억은 사라질 것이다. 학생들은 '누군가를 먹여 살리는' 일을 접하는 감각을 잊을 것이다. 지금 배움 하나가 사라지려 한다.

**급식에서 특식 나오는 날을 기다리는데,
특별한 요리가 나오는 날에는 조리사분들이
더 힘드실까요?**

걱정해 주어서 고맙지만, 저희로서는 학생들이 급식에서 더 맛있는 음식을 만나길 바라는 마음도 있답니다. 그래도 메뉴 선정에 있어 조리사들이 계속 이야기하는 것이 있어요. 새 학기가 시작되는 달은 조리실 사람들도 서로 손발을 맞춰 가야 하는 시기예요. 3월과 9월, 두 달 동안은 평소보다 노동강도가 더 세요. 이때 메뉴만 살짝 조정해 줘도 일이 조금 나아져요. 튀김 메뉴를 최소한만 배치한다거나, 또는 세계 음식 같은 메뉴는 자제한다거나 하는 식으로요. 학생들이 세계 여러 곳의 음식을 맛볼 수 있도록 하겠다며 학교급식에 세계 음식을 월 1~2회 의무적으로 선보이게끔 지침을 내린 교육청도 있어요. 그런데 외국 음식은 공정 자체가 한식과 달라요. 공정이 낯설고 복잡하니까 시간이 더 들죠. 새 학기가 시작하는 달에는 그런 메뉴를 피해 달라고 요구하는 거죠. 급식 레시피 매뉴얼을 개발할 때 조리 과정이 조금 더 단순화된 메뉴를 생각해 주었으면 좋겠고요.

조리사 선생님들은 어떤 교육이나 연수를 받고 계신가요? 요리법을 배우세요?

급식실 운영 방식은 매뉴얼이 있지 않아요. 어디서 배우는 것도 아니고, 우리만 아는 급식실의 시스템이 있어요. 각자가 노하우를 가지고 역할을 나눠서 일을 진행하죠. 새로운 사람은 와서 배울 것도 많고 눈치껏 적응하는 데도 시간이 걸리죠. 더구나 인원이 적으니 새로 들어온 사람을 붙잡고 차분히 알려 줄 수가 없어요. 기구나 기계의 작동법도 모르는 신입이 바로 일에 투입되어야 해요. 일을 하면서 신입을 가르쳐야 하는 사람도, 일을 배우는 사람도 힘들어요. 그래서 우리는 계속 교육청에 요구하고 있답니다. 학교 배치 전 신입 교육이 필요하다고요.

또 예전에는 직무 교육이라 해서 교사들의 연수처럼 모든 조리사가 위생 교육을 받았어요. 위생 관리 능력 향상이라 해서, 식중독 예방 교육이나 급식 시설의 이해 등을 배우는 시간이었는데, 어느 날부터 학교마다 한두 명으로 교육 받는 인원을 축소했어요. 위생 교육에 참가하지 못한 조리사들의 교육은 영양사에게 전가되기도 합니다. 우리도 우리 일을 능숙하고 전문적으로 수행하고 싶기에, 조리사들이 받아야 할 직무 교육이 축소되어서는 안 된다고 생각합니다.

조리실무사 - 박화자

급식 민원 때문에 힘들지 않으세요?

　　메뉴를 짜는 영양사분들도 민원에 엄청난 스트레스를 받고 있어요. 반찬 담는 그릇이 세 개였던 식판이 어느새 네 개짜리로 늘어났어요. 더 다양하고 새로운 메뉴를 선보여야 한다는 압박과 이를 충족하지 못했을 때 오는 민원이 늘어날수록, 이 음식을 만들어야 하는 사람의 입장은 생각하지 못하게 되는 것 같아요. 그리고 무엇보다 인력 충원이 현실에 맞게 이뤄져야 해요.

⑨ 저절로 고쳐지는 건 없다

시설기동보수반 기사
정훈록

"정훈록이라고 하고요. 나이는,
내년 여름이면 정년(퇴직)입니다."
마흔 후반에 이 일을 시작했다.
"학교로 온 특별한 까닭은 없어요. 그전에는
이런 직업이 있는지도 몰랐죠. 내가 가진 기술이
이거니까, 지원해 봐야겠다 싶었죠. 내 기술이
용접 설비니까. 우리 팀에 조경기술사도 있고,
전기기술자도 있어요. 다들 각자 맡은 분야가
있어요."
저마다의 기술을 가진 사람들이 팀을 이뤄
그들을 필요로 하는 학교로 향한다.
"학교에 의자가 망가졌다든가, 문틀이 틀어져서
문이 안 닫힌다든가 하는, 보수 범위가 작고
긴급하게 해결해야 하는 문제는 학교에서
자체적으로 수리해요. 그런데 기술과 인원이
더 필요한 일이 있잖아요. 예를 들어 철제 난간이
부서졌다든가, 옥상에 방수 칠이 벗겨져서
비가 샌다든가 하는 일. 예전에는 이런 일들을
매번 외부 업체를 불러서 처리했단 말이에요.
이렇게 하면 비용도 많이 들고, 기간도 오래 걸려서
안 되죠. 그래서 서울(시교육청)에서

시설기동보수반 기사 - 정훈록

전국 최초로 시설기동보수반을 만든 거예요."
정식 명칭은 서울시교육청 교육시설관리본부 시설기동보수반.
낯선 이름이다.

시설유지란 교육시설의 기능을 보전하고
원활한 교육활동을 위하여 시설물을 일상적으로
점검·정비하고 손상된 부분을 원상복구하며
시간의 경과에 따라 요구되는 시설물의
개량·보수·보강을 하는 모든 활동을 말한다.

— 「교육시설법」 제2조

문 살살 닫아라

"다들 잘 몰라요. 우리가 일하고 있으면 학생들도 와서 물어봐요. 지난번엔 초등학생 3학년 아이가 지나가면서 '아저씨, 이거 뭐 하시는 거예요? 이게 용접이에요?' 물어 오더라고요. 요즘 아이들은 관심 분야가 넓어진 거 같아요. 인사하러 오는 아이도 많고, 표현도 꽤 잘하고. 우리가 누구인 줄은 잘 몰라도 '학교에 무언가 해 주러 오는 사람이구나' 하고 고마움이나 좋은 마음을 가져 준다는 느낌을 받죠."

서울에 초등학교만 600여 개, 중고등학교까지 합치면 총 1,300여 개 학교가 있다. 서울시교육청으로 출근하여 동료들과 장비를 챙긴 다음 그날 보수가 예정된 학교로 간다. 그들이 탄 차가 학교 정문을 지나면, 보안관실(또는 지킴이실)에서 나온 학교보안관이 '어디서 온 사람들인가?' 하는 의문 섞인 표정을 지으며 문을 열어 준다. 부식된 벽과 녹이 슨 난간, 방

수 칠이 벗겨진 옥상이 그들을 기다리고 있다.[27]

"아이들이 힘이 좋을 때잖아요. 무엇이든 타고 놀기 좋아할 때고. 또 한 학교에 학생이 얼마나 많아요. 물건이 빨리 망가질 수밖에 없어요. 우리가 해야 할 일이 많죠. 학교마다 유리문이 있죠? 요즘은 건물 출입문이 거의 강화유리문으로 되어 있잖아요. 문 이음새 부분에 유압 힌지(hinge, 경첩)가 있는데, 오래 쓰면 힌지 부분에 압력이 빠져서 문이 빨리 닫혀요. 그러면 손 끼임 사고가 나거나, 심할 때는 이음새가 닳아서 유리가 떨어질 수도 있죠. 그걸 보수하러 많이 다녀요. 일주일에 이틀은 그 일을 하러 간다고 해도 될 거예요."

내가 어릴 적, 학교 선생님들이 입에 달고 있던 말이 떠오른다. "문 살살 닫아라." 학교에서 수리할 것이라곤 공놀이하다가 깨트린 창문이나 문짝이 망가진 사물함 정도라 여겼던 내게 정훈록은 요즘의 학교를 말해 준다.

"학교 시설이 점점 복잡해지고 있어요."

학교가 품어야 할 역할과 기능이 늘어날수록 학교 안 시설도 늘어나기 마련이다. 학생들이 도시락을 챙겨 오던 때의 학교와 급식이 의무가 된 때의 학교는 다르다. 후자의 경우

---

[27] 서울시교육청이 밝힌 학교시설보수반의 학교 시설물 개선 지원 분야는 학교 시설의 누수 보수, 타일·홈통·용접·힌지 보수, 계단·화장실 보수, 강화유리문 손 보호대 설치, 고사목 제거 등이다.

급식실과 식당이 마련되어야 하고, 영양사가 상주할 사무실과 급식 조리사들이 쉬기 위한 휴게 공간도 필요하다. 시설이 들어서면, 그 시설을 유지하기 위한 수리·보수 업무가 자연스럽게 따라온다.

"급식실은 물이 많이 닿잖아요. 습도도 높고. 그러면 타일이나 벽면이 더 빨리 상해요. 타일에 물기가 닿으니까 금방 떨어지는 거예요. 급식실 타일 보수 작업만 해도 하루가 금방 가죠."

2006년 서울시교육청에 기동보수반이 생긴 직후, 10년간 수리·보수된 건수가 3만 3,000여 건이라 한다. 휘어지거나 이음새가 약해진 난간, 접착력이 약해진 외벽 타일, 비가 새는 천장…. 모두 위험을 품고 있는 요소다. 앞서 말한 유리문의 유압힌지만 해도 미리 교체하지 않으면 문이 닫히는 속도가 점차 빨라진다. 유리문에 학생들이 끼이거나 부딪히는 사고 위험이 도사린다. 나 또한 학교에 다니며 '조심하지 않으면 다친다'는 훈계를 숱하게 들었다. 그땐 문을 여닫다가 다치는 사고가 우리의 말괄량이 기질 때문인 줄로만 알았다. 아이들이 조심하지 않아서 다쳤다고 생각했던 많은 사고가, 어쩌면 미진한 시설 관리의 문제였을 수 있다는 사실이 새롭게 다가온다.

"처음 이 일을 하러 학교에 들어왔을 때는 그런 생각을 하지 못했는데, 우리 하는 일이 아이들 안전과 직결되는 일이더

시설기동보수반 기사 - 정훈록

라고요."

 누군가의 안전을 책임지는 일은, 다른 한편으로 그 일을 하는 사람의 안전을 위협하기도 한다.

 "대부분 현장 일이 여러 위험에 노출되죠. 타일을 교체할 때, 타일 커팅을 하려면 고속 회전하는 핸드그라인더(연삭기)를 사용해요. 무척 날카롭죠. 태풍이 오기 전에는 가지를 다듬는 전지 작업을 하는데, 학교 나무들이 크고 높잖아요. 높은 데서 전기톱을 사용하니까 예전엔 작업하다 다치는 사람도 많았어요."

 나무를 베느라 전기톱을 사용하고, 난간을 고치느라 쇠를 불꽃으로 녹이고, 방수 작업을 위해 독한 약품을 쓰기도 한다. 외벽 작업을 하느라 고공에 오르면 학생들이 교실 창문으로 보이는 그에게 손을 흔들 때가 있다. 활달한 아이들은 '고맙습니다!' 외치기도 한다. 즐거움을 만끽하는 순간이기도 하지만, 그 명랑한 인사도 그가 발 디딘 곳이 고공이라는 사실을 변하게 하진 않는다. 그런데 왜 '예전'이라고 했을까.

 정훈록이 처음 서울시교육청에 입사했을 때, 그의 근무 기간은 11개월이었다. 몇 년을 같은 자리에서 일해도 11월이 되면 계약 종료 통보를 받고, 12월이 되면 다시 면접을 봤다. 매년 같은 기술 시험을 치르고 1월이 되면 새로이 계약서를 썼다. 역시나 11개월 근무 기간을 명시한 계약서였다.

"그때는 서로 경쟁을 하는 거죠. 내년에 재계약해야 하니까. 더 빨리, 더 많이 일해야 하니까. 그러다 보면 사고가 나는 거예요."

위험한 일만 수용하는 게 아니었다. '갑질'이라 부를 만한 부당한 지시도 감내해야 했다. 연말이 되면 퇴직을 하고, 다시금 면접 자리에 서야 하니까. 재계약을 위해 알아서 눈치껏 일해야 하는 직장에서는 존중을 바라는 건 고사하고 기술직이란 자부심도 유지하기 어려웠다.

"우리 때는 기술만 있으면 먹고살 수 있다고 배웠어요. 개천에서 용 나는 일도 다 자기 하기 나름이라고. 학교 선배 중에 기술만으로 기업 사장 자리까지 오른 사람도 있었어요. 지금은 통하지 않는 이야기죠. 기술에 대한 자부심은 늘 있어요. 하지만 현실적으로 대우나 급여가 내 가치를 측정하는 수치로 여겨지다 보니 자부심도 조금씩 떨어지고, 결국 '내 가게 열어야지, 내 사업을 해야지.' 하게 되는 거죠."

손이 차서 용접을 배운 고교생

기술이 이렇게나 헌신짝 취급을 받을지 몰랐던 40여 년 전, 열여섯 살의 정훈록은 공업고등학교에 입학했다.

"용산공고 기계과를 나왔어요. 그 당시에는 공고를 나오면 취직하기 좋았는데, 그중에서도 기계과가 취직이 제일 잘된다고 하더라고요. 그래서 기계과로 갔죠. 1학년 때 제일 먼저 한 게 연삭, 즉 쇠를 깎는 작업이에요. 다음으로는 선반[28] 작업이랑 용접을 배우고, 그런 다음에 배관과 제도[29]를 배우죠. 다섯 가지 종목을 1학년 때 다 배우는 거예요. 2학년 때는 주 종목을 선택하죠. 저는 설계도나 평면도 보는 거에 관심이 없어서 제도는 선택을 안 했고, 선반은 쇠를 직접 만지니까 너무 차가웠어요. 용접은 따뜻하잖아요. 제가 손발이 많이 차서 뜨거운 건 잘 만지거든요. 그래서 용접을 한다고 했죠."

손이 차서 용접을 배웠다니, 색다른 이유다. 예상을 벗어난 이야기는 여기서 그치지 않는다. 고등학교에 들어와 그가 가장 열심히 한 일은 문예반 활동이라고 했다. 기능올림픽[30] 출전 준비도, 자격증 취득도 아니고, 문예반 활동이라니.

"그때는 기능올림픽이 크게 열렸어요. 올림픽에 참가할 학생들을 따로 모아서 기능반을 만들었는데, 제 적성에는 안

---

[28] 금속, 나무, 돌 등을 회전시켜서 갈거나 파내거나 도려내는 데 쓰는 기계, 또는 그 기계를 다루는 일.

[29] 기계, 건축물 등의 도면·도안을 그리는 일.

[30] 국가 간의 직업훈련과 기능 향상, 교류, 친선을 꾀하기 위하여 기계 조립, 용접 등 31개 부문의 산업 기능을 겨루는 국제 대회. 만 17세에서 22세까지의 청소년만이 참가 대상이다. 1950년 에스파냐의 수도 마드리드에서 처음 열렸고, 우리나라는 1967년부터 참가하여 여러 차례 우승했다.

맞았어요. 거긴 선후배 위계도 엄격하고 군대식 문화가 있던 곳이라 사람을 힘들게 했거든요. 대신 문예반에 갔죠. 어쩌면 학교는 문예반 하는 재미로 다녔을 거예요. 학교에서 '용맥제'라고 축제를 크게 열었는데, 축제 때면 문예반에서 주최해서 시화전 작품 70~80개를 진열하고 그랬어요."

시를 쓰며 고교 시절을 보냈다. 졸업 후 그는 한 손엔 용접기를, 다른 손에는 쇼펜하우어와 니체의 저작을 들고 출퇴근을 했다. 신학을 공부하겠다는 생각을 품다가, 이듬해 한신대학교 철학과에 들어간다. 당시는 1985년. 민주화를 요구하는 외침이 대학가 앞을 가득 메우던 때였다.

"데모하는 건 나중에 해야지 했는데, 4월부터 데모하고 있더군요."

학보사 기자로 활동하기도 했다. 그러나 대학 생활은 짧았다. 학문에 전념할 수 있는 시절이 아니었다. 입학 동기인 박태순[31]과 함께 '현장'에 갔다. 민주화 요구에 발맞춰 일터에서는 노동조합이 만들어지고 일하는 사람의 권리를 말하는 목소리가 공장 담벼락을 무너트리고 있었다. 대학생들이 생산직으로 취업해 노동조합 활동을 하는 일이 만연한 때였다.

---

[31] 정훈록의 대학 동기 박태순은 1992년 돌연 행방불명된다. 김대중 정부가 들어서고 2000년에 특별법을 제정해 설립한 의문사진상규명위원회는 민주화 운동 인사들의 의문사 사건을 조사한다. 위원회는 무연고 시신으로 처리된 채 외로이 납골된 박태순의 유골을 찾았다. 의문사 여부는 진상 규명이 되지 않았다.

고등학교 때 용접공 자격증을 따 둔 터라 정훈록은 규모가 제법 큰 기업체에 들어갈 수 있었다.

더운 날에는 용접 불꽃의 열기에 온몸이 땀에 절었고, 추운 날에는 불어오는 바람에 손이 얼었다가 용접 열기에 녹기를 반복했다. 손이 차가운 편이라 동상도 잘 걸렸다. 군대에 가기 위해 신체검사를 받을 때에도 동상 걸린 손이 문제가 될 뻔했다. 전두환이 물러나고 노태우가 대통령 직선제와 5년 단임을 약속한 그해, 그는 입대를 한다. 1987년 6·29 선언이 나온 직후였다.

군대에서 3년을 보내고 나왔더니, 그의 '현장'은 전과 같지 않았다. 소련식 사회주의의 종말을 상징하는 페레스트로이카[32]의 영향은 남한의 노동운동에도 영향을 미쳤다. 노동 현장에서 활동하던 사람들이 크게 줄었고, 그도 달라진 상황을 견디지 못하고 그곳을 떠났다. 이후 20년 가까이 개인 사업을 하며 살아가면서 손을 움직여 먹고사는 일과는 멀어진 줄 알았다.

2009년, 정훈록은 사업체 문을 닫아야 했다. 다시 용접기를 손에 쥐었다. "배운 게 기술이라." 어려운 시기에 믿을 것은 기술이었다. 마침 서울시교육청에서 시설 수리·보수 기술

---

32 페레스트로이카는 1985년 미하일 고르바초프가 소련 공산당 서기장에 취임한 후 추진한 경제·정치 개혁 정책이다. 이 개혁은 소련의 붕괴를 가속하는 계기가 된다.

자를 모집하고 있었다. 세상이 변했다고 하지만, '노동 현장'으로 돌아오니 그 시절과 달라진 게 없어 보였다. 몸을 써서 일하는 기술자를 낮추어 보는 시선도 여전했다. 아니, 어떤 의미에선 더 극심했다. '비정규직'이라는 새로운 신분이 생겨났다.

"여기를 고치든지 내가 나가든지 둘 중 하나를 해야 되겠는데, '일단 고쳐 보자'라고 생각한 거죠."

시설 노동자는 시설만 고치는 것이 아니었다. 자신이 일하는 환경을 고쳐 보기로 했다. 11개월 계약직은 아무리 봐도 불합리했다. 교육부 지침에 따르면, 1년 이상 상시 지속 업무 종사자는 무기계약으로 전환해야 했다. 이를 피해 가기 위해 11개월짜리 근무가 생겨난 것이다. 그와 동료들은 노동조합을 만들고, 오랫동안 교육청을 상대로 계약 기간에 제한이 없는 무기계약직 고용을 요구했다. 열 번째 재계약 공지를 앞둔 겨울, 보수반 사람들은 서울시교육청 안에 몰려 들어가 농성을 하기도 했다. 한 달을 교육청 로비 대리석 바닥에서 먹고 자고 했다. 그런 세월을 지나, 지금은 무기계약직으로 전환되어 일하고 있다.

"고용이 안정되니까 사람들이 차분하게 일하죠."

그러니 사고도 크게 줄었다. '중대재해처벌법(「중대재해 처벌 등에 관한 법률」)'이 만들어진 것도 변화의 원인 중 하나이겠다. 하지만 요사이 그에겐 새로운 걱정이 있다. 같이 일하는 동료가 자꾸만 줄어드는 것. 정년퇴직을 하는 사람들은 늘어만 가는데, 보수반에 새로운 사람은 들어오지 않는다. 한때 마흔 명 넘던 시설기동보수반의 인원은 이제 열다섯 남짓이다. 그 또한 정년이 얼마 남지 않았다.

기동보수반 인원만 부족한 것이 아니다. 학교에 상주하며 시설을 관리하는 기능직공무원(시설관리직 공무원)도 해가 갈수록 줄고 있다. 11만 개가 넘는 국내 초중고교에서 시설관리직 공무원이 상주하는 곳은 절반도 되지 않는다. 문이라도 고장이 나면 외부에서 수리 업체를 불러와야 한다. "학교에 고칠 게 얼마나 많은데요."라던 정훈록의 말이 무색하다. 서울시교육청 역시 보수반에 새로운 직원을 충원하는 대신 외부 업체에 시설 관리 업무를 위탁하고 있다.

학교에서 일하는 모든 사람을

이런저런 걱정에도 정훈록은 학교에서 일한다는 사실, 그 자체로 좋다.

"초등학교부터 고등학교까지 우리는 학교를 안전한 공간이라고 믿잖아요. 안심하잖아요. '그 공간이 더 안전할 수 있도록 우리는 시설 측면에서 안전을 책임지는 사람들이다. 아

이들이 안전하게 공부하고 뛰놀게 하는 한 부분을 책임지고 있다. 이건 아주 보람되고 자랑스러운 일이다.' 그런 자부심이 있죠."

학교에는 그런 힘이 있다. 일하는 사람에게 자신이 하는 일의 의미를 새겨 준다. 그 공간에 '학생'들이 있기에 가능한 일이다. 그러나 학생들은 그를 모른다. 나의 학창 시절을 떠올려 본다. 담임도 기억나고, 보건교사도 떠오르고, 사서 선생님도 생각난다. 그런데 우리 학교는 누가 고쳤더라? 기억이 없다.

"한번은 스승의날에 중학교로 일하러 갔는데, 학생 셋이 함께 카네이션이랑 사탕을 들고 와서 주더라고요.. 너무 고마웠어요. 저 아이들은 학교에서 일하는 모든 사람을 선생님으로 인식하는구나. 훌륭한 학생들이다. 고맙더라고요."

나 또한 그가 들려준 이야기로부터 위안을 받는다. 과거의 내가 무심코 스쳐가 버린 것을 기억하는 학생들이 있다는 사실에.

**어떤 시설이나 물건이 제일 고치기가 힘드세요?
무엇을 조심해야 자주 고장이 나지 않을까요?**

 천장이나 벽체 등을 타고 내려오는 옥상이나 배관 누수의 원인을 정확히 찾는 게 어렵고요, 학생들과 밀접한 시설로는 계단 난간이나 장애인 통로 난간이 파손되는 경우가 많습니다. 난간대는 안전을 위해 손으로 잡는 용도인데, 학생들이 거기에 매달리거나 흔들어 대면 망가지기가 쉽죠. 연결 부위를 고정한 곳이 헐거워지면 다시 고정하는 데 어려운 점이 있고, 용접을 해야 하기에 깔끔하게 보수하는 데 애를 먹습니다.

**매일 다른 학교로 가는데, 제일 좋아하는 학교가
있으신가요?**

 각 학교마다 특색 있게 가꿔 놓은 정원이라든지 인테리어를 보면서 '아, 이 학교는 이런 나무와 꽃을 심었구나.' '이 학교는 조경 분위기가 아기자기하네.' '여기는 참 차분한 느낌이네. 산책하면 좋을 정원이다.' 같은 생각을 합니다. 학교마다 느낌이 다르기에 항상 새로움을 느껴서 좋고요. 도서관을 꾸며 놓은 모습이나 복도 인테리어를 보며 저마다의 특성도 느끼고, 아이디어도 얻어 가는 재미가 있습니다. 그렇지만 무엇보다 학생들이 활기차게 움직이고, 웃으며 인사해 주는 분위기를 지닌 학교가 제일 좋네요.

기술직 직업을 가지고자 하는 학생들에게 들려주고 싶은 말이 있으신가요?

　　AI 시대가 되고, 자동화 로봇이 생기는 시대에도 인간의 세밀한 손과 유연함으로 무언가 만들고 고치는 창의적인 일은 앞으로도 한동안 대체 불가일 겁니다. 아직까지는 육체노동이라며 기술직이 천시받는 경향이 있지만, 점차 기능과 기술 노동의 가치가 높아지고 존중받을 것이라 믿습니다. 또 땀 흘려 만들고 고치고 창조해 낸 결과물을 보며 얻을 수 있는 희열이 있습니다. 꾸준히 기술을 닦으면 일의 보람을 찾을 수 있을 겁니다.

학교,
어디에서 일하세요?

한국에선 어버이날에 부모에게 카네이션을 드린다. 그리고 스승의날에도 선생님에게 카네이션을 선물한다. "스승의 은혜는 하늘과 같아서"로 시작하는 노래에는 이런 가사가 있다. "스승은 마음의 어버이시다." 어릴 적 학교에서 '군사부일체(君師父一體)'의 의미를 배웠다. 시험지에 정답을 적기 위해 '임금과 스승과 부모는 한 몸과 같다'는 뜻을 외우긴 했지만, 나는 이 다섯 글자가 늘 의심스러웠다. 부모의 권위와 권력으로 유지되는 가정과 교사의 권위와 권력으로 운영되어야 한다고 믿어지는 교실이 가부장이라는 하나의 줄기로 이어져 있는 것은 아닐까. 해마다 5월이면 집과 학교를 분주히 오가는 카네이션이 그 증거물만 같았다.

그러니 카네이션을 좋아해 본 적 없다. '은혜'라 불리는 권위의 힘은, 어떤 힘에도 얽매이고 싶지 않은 내게는 매력이 없었다. 그런데 졸업을 하고 한참이 지나 다시 학교로 가니, 카네이션을 다른 의미로 받아들이는 사람들이 있었다. 그들은 카네이션을 은혜도 권위도 아닌, 인정과 소속감으로 이해했다.

조리사도, 실무사도, 보수반 사람도, 그러니까 학

교에서 일하지만 교사는 아닌 사람들은 모두 카네이션을 받은 경험을 소중하게 꺼내 놓았다. 학생들이 카네이션을 선물해 준 순간은 학교에서 일하길 잘했다 싶은 귀한 기억 중 하나였다. 이들은 스승의 날 받은 카네이션 조화를 자신이 '학교 구성원'임을 인정받은 표식처럼 여겼다. 그래서 '선생님'도 아닌 자신에게 카네이션을 준 학생을 오래 기억했다.

학교에서 수년을 일했지만 졸업식에 한 번도 참석하지 못한 아쉬움을 토로하면서도, 종무식을 마친 교직원들이 회식을 갈 때도 자신들은 남아 급식실 청소를 해야 하는 일을 서러워하면서도, 스승의날 받은 카네이션 하나로 서러운 기억을 잊었다. 학교에서 일하는 것이 좋다고 했다. 고마운 학생들이라는 말에 나도 크게 동의했지만, 동시에 이런 생각도 했다. 집단의 소속감이나 성원권이 꽃 한 송이로 갈릴 순 없는 일이라고.

이들이 '온전한' 학교 구성원이 아니라는 건, 나 역시 확인할 수 있었다. 일하는 장소를 돌아보고, 사진 촬영을 하기 위해 학교를 찾았다. 환대를 해 주는 학교들도 있었다. 동료들이 찾아와 음료수를 건네며 응원을 하기도 했다. 참으로 다정한 학교였다. 반면 학교 안 촬영은 고사하고, 학교 이름조차 드러내지 말라는 당부를 받고 온 사람도 있었다. 그럴 경우, 학교 인근 카페에서 인터뷰를 진행해야 했다. 그 차이가 오직 교풍이나 학교장의 성향 때문이라고 믿고 싶지만, 환대와 배척을 결정하는 기준의 큰 요소가 정규직/비정규직 고용 형태라는 사실을 부정할 순 없었다. 환대는 대다수 정직원(정교사)의 몫이었다. 학교 밖에서 촬영을 한 이들은 대부분 기간제, 비정규직이라는 이름을 달고 있었다. 그들에게 학교는 온전한 일터가 아닐지도 몰랐다.

우리 사람은 아닌

내가 보기에 학교는 '선생님'과 '선생님이라 불리기에 모호한 사람'으로만 나뉘는 게 아니었다. 일하는 곳을 물었을 때 ○○초중고교라 말할 수 있는 사람과 ○○초중고교의 '어디 어디'라고 말해야 하는 사람들로 나뉜다.

직업이 교사인 사람들에게 일하는 학교가 어디인지를 물으면, 대부분은 학교 이름 이상을 말하지 않는다. "○○중학교요." 직장을 물었을 뿐이니 당연한 대답이었다. 그런데 교사 외 직종의 사람들은 꼭 말을 덧붙였다. "○○중학교 급식실이요." "○○초등학교인데, 돌봄교실에서 일해요." 급식실에서, 경비실에서, 전산실에서 일하는 사람들. 학교 이름만 댈 수 없는 사람들이 있었다. "○○중학교, 3학년 1반에서 일해요."라고 말하는 정교사를 본 적 없기에, 나는 이들의 대답이 낯설게 들렸다.

학교 입장에서야 매년 새로 뽑는 사람을 '우리 사람'이라 보기 어려웠을 수 있다. 보안관실, 급식실, 당직실같이 머무는 공간도 다르고, 교사들이 퇴근한 후 학생들을 가르치거나 학교를 지키러 오는 사람도 있다. 그렇게 이해해 보려 해도, 그럴수록 떠오르는 생각은 학교가 교무실과 교실로만 이뤄진 공간이 아니라는 점이다. 학교만큼이나 각기 다른 직종이 소통하고 협조해야 하는 일터도 드물었다. 담임교사는 학생의 담당 상담사와 의견을 나누고, 교무실무사에게 협조 요청을 하고, 사서와 교과 도서 수업 관련 상의를 해야 했다. 특수교사와 특수실무사, 영양사와 조리실무사, 행정실 직원과 보수반 원끼리의 협조는 말할 것도 없었다. 이토록 잦은 소통과 협력이 필요한 학교 구성원의 절반이 '아무래도 우리 학교 사람은 아닌' 사람들로 채워져 있다니. 사진 촬영을 위해 학교 운동장과 닮은 알록달록 공원 놀이터를 찾아다니며 무언가 이상하다는 생각을 지울 수 없었다.

이상한 촬영

현재 초중고교에서 일하는 교육공무직은 약 17만 명, 방과후교실 강사 등 비정규직 강사까지 합치면 약 35만 명이라 한다. 35만 명은 어떤 수인가?

국내에서 약사로 일하는 사람은 4만여 명이다. 의사는 14만 명, 간호사는 24만 명이 넘는다(2023년 기준). 변호사는 4만 명 남짓하고, 판검사는 각각 4,000명이 채 되지 않는다. 은행 종사자는 10만 명 안팎을 오가고, 소방관은 약 6만 6천 명, 경찰은 13만 명이다. 그리고 교사는 36만 명이다. 그러니까 35만 명은 결코 적은 수가 아니다.

이들은 학교의 기능과 역할이 확대되면서 채용되었고, 그 수가 수십만 명에 달하고 있다. 이들이 해를 걸러 국회에 요구하는 것은 '존재의 근거'다. 학교에서 일하지만, '학교에서 일하는 사람'이라는 신분 보장이 되어 있지 않다. 그러니 법적 근거를 마련해 달라고 요구하는 것이다.

교사와 교사 업무의 법적 근거는 '초중등교육법'에 담겨 있다. 보건교사에겐 '학교보건법'이, 특수교사는 '특수교육법'이 있다. 하지만 돌봄교실을 운영하는 돌봄전담사의 경우, 교육부 고시에 들어간 한

돌보다, 고치다, 지키다

줄이 이들의 필요를 설명한다. '초등학교 저학년 학생을 학교에서 돌볼 수 있는 기능을 강화하고, 이에 대해 충분한 행·재정적 지원을 한다.' 고시는 법이 아니다. 행정적 알림일 뿐이다. 이 알림은 채용 근거, 정원, 배치 기준, 업무와 역할을 설명하지 못한다. 외부 파견 강사의 경우, 이 짤막한 문장 한 줄조차 찾을 수 없었다. 법 제정이 필요하다는 이야기는 학교 비정규직이 급속히 늘어나기 시작한 20년 전부터 꾸준히 나오고 있지만, 초등학생이었던 이가 자신의 자녀를 학교에 보낸다 해도 이상하지 않을 만한 시간이 흘렀음에도 별로 변한 것은 없다. 공교육 기관의 수십만 노동자가 여전히 법적 근거 없이 일한다. 알록달록 공원 놀이터를 배경으로 촬영 포즈를 취하는 인터뷰이를 보면서, 학교라는 장소의 존재 근거를 생각해야 했다. 학교는 과연 무엇으로 유지되는 공간인가.

학교를 떠올릴 때면 우리는 마치 교실(그리고 교무실과 교장실)만 존재하는 것처럼 생각한다. 너무나 당연하게도, 교실만 존재하는 학교는 있을 수 없다. "보건실은 학교라는 마을의 병원 역할"을 한다던 보건교사의 말처럼 학교는 '하나의 마을'이다. 그러니 학교에 병원(보건실)도 있고, 도서관도 있고, 복지 기관(상담실)도 들어선다. 한 아이를 키우기 위해 온 마을이 필요하다는 건, 단지 사람이 많이 필요하다는 이야기가 아니다. 마을을 이루는 모든 영역이 한 아이를 키우기 위해 저마다 최선을 다한다. 그래야만 아이가 자랄 수 있다. 자신의 공간에서 역할을 다하는 갖가지 사람들의 조합이 학교라는 마을을 꾸린다. 그러니 바랄 뿐이다. 이 마을에서 모든 이가 직책과 직위에 구애 받지 않고 자신의 영역에서 최선을 다할 수 있기를.

돌보다, 고치다, 지키다

3부.

좋은 일 하시네요

⑩ 한 사람이 되어 줄게

학교사회복지사
이성은

쿵. 복도가 울린다. 무언가 벽에 부딪힌 것처럼
둔탁한 소리에 놀라 복도 쪽 창문을 돌아보지만,
이내 뒤따라오는 왁자지껄한 말소리며 웃는 소리에
안심한다. 쉬는 시간이다. 학생들이 우당탕 구르듯
뛰는 소리가 멀리서 들린다. 이런 소란이 익숙하다
못해 정겹다. 학창 시절, 친구들과 복도에서
말뚝박기를 하다가 단체로 교무실에 불려 간 오래된
기억이 비집고 나오려다가, 수업 시작을 알리는
종소리에 저편으로 물러난다. 종이 울리자
언제 그랬냐는 듯이 학교는 고요해지고 우리는
대화를 이어 간다.
"원래 이 교실 이름이 교육복지실이었어요. 그러다
온이음교실[33]로 이름을 바꿨죠. 복지가 필요한
학생들이 낙인감을 느끼지 않는 게 중요하거든요.
복지실이라고 이름 붙은 교실을 오가면 학생
스스로 '나는 다른 학생들과 다르구나' 하는 인식에
사로잡힐 수 있으니까요."
이성은은 이곳 복지실, 아니

---

33 인천시에 해당하는 이야기다. 2023년, 인천시교육청은 교육복지우선지원사업의 새로운 이름으로 온이음을 선정했다. 이에 따라 복지교실도 온이음교실로 이름을 변경하였다.

**온이음교실에 머물며 학생들을 기다린다.
그는 학교사회복지사다.**

> 교육부장관 및 교육감은 학업에 어려움을 겪는 학생에 대하여 다음의 지원사업을 실시해야 한다.
> 1. 교육·복지·문화 프로그램 등을 제공하는 사업
> 2. 진단·상담·치유·학습 지원 프로그램 등을 제공하는 사업
>
> ―「초·중등교육법 시행령」제54조 제3항

안녕을 책임지는 전문가

학교사회복지사는 '교육복지우선사업'을 운영하는 사람이다. 사업의 지원 대상은 초중등교육법이 규정한 "학업의 어려움을 겪는 학생"들이다. 흔히 '교육 취약계층'으로 불리는 이들이다. 취약계층 학생이 밀집한 학교를 우선적으로 집중 지원하여 교육 격차를 해소한다는 것이 사업의 취지이다. 사회복지사 자격과 경력을 지닌 사람이 사업 운영을 맡는다. 이성은도 학교로 오기 전, 교육복지사로 활동해 왔다.

"학교마다 학교사회복지사가 있는 건 아니고, 해당 학교에 교육복지 대상인 취약계층 학생이 35명 이상 있어야 해요. 복지 수혜 대상인 기초수급자라든지, 교육급여 수급자, 주거·의료 수급자 외에도 기타 대상자라고 해서, 중위 소득을 확인해서 대상이 선정돼요. 그 수가 35명이 넘어서면 복지사가 배정되는 거죠."

교육복지우선지원사업에 '온이음'이라는 명칭을 붙인 인천시의 경우, 현재 240여 개 초중고에 온이음교실이 존재한다.

"프로그램을 통해 학생들이 심리적 안정을 찾고 학교에 적응하도록 돕고 있어요. 프로그램은 각 분야 전문가 선생님이 오셔서 진행하죠. 그렇다고 학교사회복지사의 역할이 프로그램 운영에 그치진 않아요. 학생마다 상황이 다르고 마음 상태도, 니즈(needs)도 각각 다르니까. 그에 맞춰서 통합적으로 지원하려고 하죠."

학교사회복지사에 관한 설명을 찾아보니 '학생들의 복지와 안녕을 책임지는 전문가'라고 나온다. '학생들의 안녕'이라니. 그 시절 나는 '안녕'했던가. '안녕이라는 게 뭐지요?' 묻고 싶은 마음은 잠시 미뤄 둔다.

학생 욕구에 맞는 프로그램 운영[34]

지원 대상이 정해져 있음에도 온이음교실의 문턱은 꽤나 낮다. 교육복지 대상에 속하지 않은 학생들도 자유로이 온

---

[34] 학교 적응력 강화 프로그램이 대표적이겠다. 이 장의 소제목은 학교사회복지사가 하는 업무를 중심으로 구성하였다.

다. 이곳에선 베이킹 수업이나 아트페인팅, 진로 탐색 프로그램 같은 행사가 상시적으로 열린다. 호기심에 찾아오는 학생이 많다. 교육복지 대상자인 학생들이 도드라지지 않게 하려는 이성은의 큰 그림이다. 무엇보다 여럿이 모여 있어야 지켜보는 일이 가능하다. 맞춤 지원을 하기 위해선 유심히 살펴야 한다.

"여긴 다양한 학생이 온다고 했잖아요. 일단 학생들과 어울리면서 유심히 보죠. 보드게임 할 때나 대화할 때 옆에서 지켜봐요. 친구들과 어울리는 모습을 보는데, 특히 보드게임을 하면 관계가 더 잘 드러나거든요. 상담이 조금 필요하겠다 싶은 학생은 이름표를 보고 기억해 두었다가 담임선생님에게 물어보곤 해요. 어떤 학생인지."

벽장마다 놓인 보드게임에도 제 역할이 있었다. 화이트보드에는 낙서가 가득하고, 교실 군데군데 이 나이대 학생들이 좋아할 만한 게임이나 소품이 놓여 있다. 놀이에 임하는 모습을 살피며 그 학생에게 필요한 지점을 찾는다. 신발을 구겨 신은 학생을 보면 그것이 자유로운 성격 때문인지, 발에 맞지 않는 신발 치수 때문인지 헤아린다. 또래 친구에게 거친 말을 하는 학생이 있으면 훈계가 필요한 일인지, 지원이 필요한 일인지를 판단한다. "다음에 또 와, 간식 줄게." 이 말은 많은 의미를 내포하고 있다.

교육복지실 운영 및 관리

문턱이 낮은 곳이라는 사실은 온이음교실 문 앞을 서성이는 학생들만으로 충분히 알 수 있었다. 인터뷰를 위해 잠시 부착해 놓은 '상담 중' 팻말을 내리자 하나둘 들어와 쭝긋거린다. 카메라도 있고, 낯선 사람도 있으니 무얼 하는지 궁금한 모양이다. 요즘 중학생들은 키든 덩치든 성인과 비교해도 만만치 않다. 공간이 순식간에 비좁아진다. 그러나 혼잡한 틈을 노려 간식을 요청하는 손길을 보니, 아직 어리긴 어리구나 싶다. 간식은 학생들이 문턱을 넘게 만드는 손쉬운 열쇠이긴 하지만, 이곳에선 간식을 주고받는 작은 일에도 규칙이 있다고 한다.

"무엇 하나 그냥 주지 않아요."

사탕 하나도 특정 행동에 대한 보상으로만 지급한다. 그것이 쓰레기 버리기 같은 사소한 일일지라도.

"온이음교실이 지원하는 대상 학생이 학교를 통틀어 공식적으론 234명이에요."

그 밖에 오고 가는 학생들까지 합치면 그 수가 어마어마하다. 이 공간을 유지하려면 수많은 약속이 필요하다고 했다. '자신이 머문 자리는 자신이 정리하기'처럼 기본적인 생활 습관부터 '텀블러를 가져와서 물 마시기' 같은 실용적이고 환경

가현중 꿀팁

이럴땐 [4층 온아음 교실]로 와!!

- **비오는 날** — 비 맞지마~ 누구나 우산 대여
- **외로운 날** — 친구가 필요해?!
  - 보드게임, 퍼즐 상시 제공
- **심심한 날** — 재미있는 프로그램 참여
  - 방과후 동아리, 방학교실
- **비밀스런 날** — 비밀보장! 속 마음 털어보기
  - 여성용품 비치

점심시간 보드게임 대여

- 장소 : 2층 자치회의실
- 시간 : 12시25분~1시10분
- 방법 : 자치회의실에서 대여 및 반납
- 종류 : 우노, 할리갈리, 루미큐브
- 대여시작일 : 5월 16일 (목)부터

♥ 대여 일주일간은 홍보기간으로 간식도 함께 드려요 ♥

친화적인 약속까지. '욕하면 즉시 퇴장'이라는 다소 엄한 규칙도 있다. 이번 간식은 촬영을 돕는 대가다. 몇몇 학생이 온이음교실에서 즐겨 한다는 보드게임 장면을 재현하기 위해 손 모델로 나섰다. 카메라에 모델까지 등장하자 구경꾼들이 모여들고 교실은 한층 더 소란해진다. 소동을 잠재울 톤 높은 목소리가 울린다. 이성은 선생님이다. 학생들이 그의 말에 순순히 움직인다.

"목소리가 커서 그런 걸까요?"

그는 웃으며 농담하지만, 실은 학생들도 알고 있는 것이다. 그가 자신들을 좋아한다는 걸. 누구든 자신을 좋아하는 사람의 말은 따라 주고 싶어 한다.

"저를 엄격하지만 자기들을 참 좋아하는 선생님으로 알고 있겠죠. 실제로 저는 학생들 웃음소리만 들어도 참 좋아요. 우연히 교육복지 쪽 일을 하게 됐는데 그 일을 하면서 사명감이 일었고, 무엇보다 일이 너무 재미있는 거예요. 이전에는 일이 이렇게나 재미있다고 느끼지 못했거든요. 학생들이 달라지는 걸 보면서 너무 즐겁고 좋았어요."

교육학에서 심리학으로 전공을 바꾼 뒤, 심리학을 바탕으로 교육 사업을 지원하다가 복지 기관을 통해 취약계층 청소년을 만났다. 그 경험이 그를 학교사회복지사로 이끌었다.

지역 자원 연계 및 네트워크 운영

"뭐 하나 사 준다고 복지가 아니잖아요. 복지를 지원하는 이유는 이 학생이 정말 안녕하게 자라서 사회의 일원이 될 수 있게끔 하는 건데, 이 문제에 관해서는 항상 고민이 들고 또 내 자신에게 부족함을 느껴요."

얼마간의 금전이나 편의를 제공한다고 복지가 아니기에, 갖은 역량을 다하여 모든 것을 내준다는 마음이 될 때가 많다. 학교사회복지사가 된 지 5년. 그간 적지 않은 시행착오가 있었다.

"제 일이 학생에게 도움이 되지 않을 땐 마음이 안 좋죠. 내가 조금 더 잘했으면 어땠을까, 자책도 많이 하고. 하지만 그런 마음은 저를 보호하지 못하더라고요. 처음엔 감정이입도 심하게 하고, 집에 돌아가서도 학생하고 통화하고 학부모님이랑 통화하고. 그러다 보니 너무 힘든 거예요."

열의가 넘쳤다. 그런 만큼 쉽게 지쳤다. 학생들은 저마다 다르고, 한창 민감할 나이였다. 조심스러우니 마음이 더 쓰이는 것은 당연했다. 그래서 공부를 했다. 동료 사회복지사들과 사례를 나누고 협업을 모색하며 시야를 넓혀 나갔다. 그 과정에서 자신의 태도를 돌아보며 다짐했다. 그래, 최선만 다 하자.

"제가 여기 이렇게 단단히 서 있어야만 일을 할 수 있는데, 너무 깊이 빠져 버리면 안 되겠더라고요. 최선을 다하더라도 결과는 하늘이 내는 거니까. 어떤 부분은 어쩔 수 없다는 걸 받아들이자. 최선을 다하되, 이제는 제 나름의 규칙을 만들어서 업무를 진행하죠."

퇴근 시간이 되면 지체 없이 일어나 집으로 향한다. 이 또한 그가 만들어 낸 규칙이다. 학교에 있을 때에는 학생들에게 최선을 다하고, 집에 가서는 자기 자신에게 최선을 다한다. 그러지 않고서는 오래 버틸 수 없을 거 같았다. 해야 할 일이 너무나 많았다.

"학교는 사업을 진행하거나 물품을 구매하는 등 예산을 쓰기 전에 기안서를 올려요. 지난 4월 한 달 동안의 통계를 냈는데, 학교의 다른 분들은 기안서를 보통 5개 정도 올리더라고요. 많이 올렸다고 해도 10개 정도인데, 저 혼자 31개를 썼어요."

그가 한 해에 운용하는 교육복지우선지원사업 예산이 무려 수천만 원이다. 제공하는 복지 서비스의 종류가 그만큼 다양하다.

"개별 학생에게 어떤 프로그램을 권할지, 사례 관리를 어떻게 할지, 지역 복지 기관이랑 어떤 식으로 연계를 맺을지 다 판단해야 해요. 사회복지사는 문제를 총체적으로 파악해야 하죠."

문제를 종합적으로 파악하기 위해서는 통합적이고 유기적인 시스템이 필요하다. 담임교사를 비롯해, 생활지도부 교사, 위클래스(Wee 클래스, 전문 상담 프로그램)[35] 등 다양한 사람들이 '상담'이라는 이름으로 학생을 만난다. 교육복지우선지원사업의 수혜 대상인 학생이 학교폭력의 피해자나 가해자가 될 수도 있고, 그간 학내 상담실에서 심리상담을 받아 왔거나 고통을 호소해 온 경험이 있을 수도 있다. 문제의 원인을 제대로 파악하려면 담임교사를 비롯해 상담 주체들과의 소통은 필수적이다. 교내 사례 관리 회의도 활용한다. 그렇게 각 주체가 협의하고 협력하면서 학생에게 적합한 맞춤 지원 방안을 찾는다.

지원 방안은 학교 담장을 넘어 지역 단위에서 모색되어야 한다. 학교사회복지사의 역할 중 하나는 복지 지원이 필요한 학생을 지역의 관계 기관에 연결하고, 이 기관과 조정하고 협력하는 일이다. 학생에게 필요한 지원을 판단해 적합한 복지 기관이나 돌봄센터와 학생을 연결한다.

그런데 이성은이 생각하기에 무엇보다 중요한 공간은 집

---

35 위클래스는 가족 갈등, 교우 관계, 집단 따돌림이나 폭력 문제, 자신의 감정 처리 문제, 인터넷 중독 등의 어려움을 겪고 있는 학생을 대상으로 상담을 하는 학교 안 공간이다. 학교폭력 가해학생 특별교육(5시간 이내), 학업중단숙려제 상담, 또래 상담 운영 지원 등 역할도 수행한다.

이다.

"저는 학생들의 안녕이 시작되는 곳이 가정이라고 생각해요."

우리는 가족에게서 많은 것을 배운다.

"학생들이 변하려면 집도 같이 변해야 해요. 학기 중에는 많이 좋아졌다가 방학이 지나고 돌아오면 원상 복귀인 경우가 많거든요. 그럴 경우 부모님에게 요청드려 상담에 오시게끔 하는 거죠. 상담을 통해 학생에게 지원이 필요한 부분을 알리고, 보호자분도 마음의 힘을 기를 수 있도록 도와드리고 있어요."

내 앞엔 그가 직접 내린 커피가 흰 찻잔에 담겨 있다.

"부모님이 오시면 이렇게 차려 드리고 있어요."

원래는 상담하러 온 양육자들에게 대접하는 다과라고 했다. 이 아담한 교실에, 찻잔을 앞에 두고 그와 마주 앉을 누군가를 떠올린다. 그러나 오늘은 학교복지상담사의 일을 만나러 온 자리. 나는 이성은에게 '학생들에게 안녕이란 무엇이죠?'라고 묻는 대신 "학생들의 안녕을 지키려면 무엇이 필요하지요?"라고 묻는다.

단 한 사람

"하와이에서 30년 동안 추적 연구를 진행한 적이 있어요. 저소득층, 취약계층 자녀들 가운데 사회에 잘 적응한 이들을 역추적해서 그들이 성장한 배경을 분석한 거예요. 연구 결과는 '딱 한 사람'을 가리켰어요. '나한텐 나를 무조건 믿어 주고 응원해 주는 한 사람이 있었다.' 학생들에게 그 한 사람이 되어 주기 위해 노력하는 거죠. 그게 제가 학생들에게 줄 수 있는 '안녕'이라는 생각이 드네요."

그러고 보니 '안녕'이란 '아무 탈 없이 평안한 상태'만을 말하는 게 아니다. "안녕?" 안부를 물어 주는 일, 괜찮은지 살피고 말 걸어 주는 일이기도 하다. 이성은 자신에게도 안녕을 물어봐 주는 한 사람이 있었다.

이성은이 자신의 '한 사람'에 대해 말하며 왈칵 눈물을 쏟을 때, 나는 나의 '한 사람'을 떠올린다. 그런 사람이 있다. 사람을 지탱하는 사람.

"학교가 그 한 사람이 되어야 해요. 학생들을 돌보고 지원하고. 사회도 그 한 사람이 되어야 하고."

학교가 누군가의 '한 사람'이 되도록 만드는 일. 그가 생각하는 학교사회복지사의 역할이다. 그가 지금 학교에 있는 이유이기도 하다.

내 이야기를 하자면, 간간이 청소년 쉼터에 글쓰기 수업을 하러 간다. 몇 년을 이어 온 일이라 정이 담뿍 들었다. 그러나 나의 애정이 어떻건, 학교에서 쉼터 학생들은 천덕꾸러기다. 수업 시간에 엎드려 자고, 점심시간에도 잔다. 밥도 안 먹고 자는 이유를 '짜증 나서'라고 하지만, 같이 밥을 먹을 친구가 없는 듯했다. 학교가 밥조차 편히 먹을 공간이 아닌 것이다.

그럴 때면 달리 해 줄 이야기가 없었다. "밥은 먹고 자야지. 점심 거르면 키 안 큰다?" 입맛의 문제가 아님을 알면서도 모르는 척해야 했다. 아이들에게 해 줄 수 있는 말도, 스스로 할 수 있는 일도 없다는 사실에 무력했다. 잘 자랄 수 있을까. 이들이 힘 있게 클 수 있을까. 그런 근심을 품고 집으로 돌아오곤 했다.

요즘의 학교가 온이음센터 같은 곳을 품고 있다는 사실을 진즉 알았다면, 이성은 선생님과 같은 복지사가 아이들을 기다린다는 사실을 알았다면 해 줄 이야기가 달랐을 게다.

"입맛이 정 없으면 복지실에 가서 좀 쉬다 오는 게 어때? 거기 간식도 있다던데."

이런 말이라도 할 수 있었을 테다. 어쩌면 냉랭한 답이 돌아올지도 모른다.

"우리 학교에 그런 거 없어요."

학교사회복지사 채용은 의무 사항이 아니다.[36] 현실을 현실대로 둔 채, 꿈을 품어 본다. 그곳에 아이들을 기다리는 단 한 사람이 있기를.

---

[36] 학교사회복지사도, 전문상담사도, 전문상담교사도 모든 학교에 배치되어 있지는 않다. 2024년 교육부가 제출한 '전문상담교사·전문상담사 배치 현황'에 따르면, 전문상담교사 배치율은 41.6퍼센트이다(5,043명). 전문상담사의 배치율은 24.8퍼센트. 열 곳 중 세 개의 학교에는 상담사가 배치되어 있지 않다. 학교에 상주하는 학교사회복지사 수는 이보다도 적은 15퍼센트 수준에 머문다.

학생이 말을 안 해도 힘든 걸 아나요? 어떻게 아시나요?

학생은 자신이 힘든 것을 말로 알리기를 어색해합니다. 그럼에도 힘든 것을 알아채는 방법은 생각보다 어렵지 않습니다. 첫 번째, 조식이나 교육복지 프로그램을 통해 학생들과 라포가 형성되면 직접적이진 않더라도 간접적으로 이야기합니다. 예를 들면 대화 도중 집이 지저분하다거나, 요즘 밥을 잘 먹지 못한다거나, 보호자가 집에 늦게 들어온다는 등의 얘기를 하기도 합니다.

두 번째, 담임교사 및 다른 교사를 통해서 알게 됩니다. 교육복지우선지원사업은 대부분 한 달에 한 번 또는 긴급 상황이 있을 때 협의회를 합니다. 이 협의회는 교장, 교감, 담임, 보건교사, 진로교사, 사서교사, 상담교사 등이 학생 사안에 따라 참석하게 되고 이 회의를 통해 학생들의 학교생활을 중심으로 힘든 부분을 알게 됩니다. 이 외에도 여러 지역 기관과의 소통을 통해 알게 되는 경우도 있습니다. 지역아동센터, 가족센터, 다문화센터, 복지센터 등과의 소통으로 학교에서는 알 수 없는 학생들의 상황이나 보호자 및 가정 형편도 알게 되는 경우가 있습니다.

상담한 내용은 반드시 비밀을 지켜 주나요?

상담 내용에 대한 비밀 엄수는 매우 기본적인 일입니다. 다만 교육복지의 특성상 복지 지원이나 외부와의 연계 시에 내용을 약간은 공유할 수밖에 없는 것이 현실입니다. 복지 지원금 등을 제공하려면 지원의 근거가 있어야 하는데, 그러기 위해서는 기관으로서도 내용을 어느 정도 알아야만 하기 때문입니다. 물론 그렇더라도 공유하기 전에 학생과 보호자의 동의를 필수로 받아야 합니다. 특히 서류상으로 근거를 남기는 경우가 많은데, 이때는 필수로 학생에 대한 파일을 비공개로 처리하고 담당자만 열람할 수 있도록 합니다.

학생들의 변화를 졸업 후에도 본 적 있으신가요? 졸업한 학생들은 어떻게 지내고 있는지 궁금하진 않나요?

학교로 찾아오는 학생들이 가끔 있어서 보기도 합니다. 교육복지사로서 학생들이 졸업한 후에 어떻게 지내는지 늘 궁금합니다. 교육복지 특성상 단기 지원을 하는 경우도 있고 6개월 이상 장기 지원이 필요한 학생도 있습니다. 장기 지원인 경우 복합적인 어려움이 있는 학생이 대부분입니다. 예를 들면 가정 경제 상황이 좋지 않아 원치 않는 방임에 지속적으로 노출된 학생의 심리 상태는 불안정할 수밖에 없습니다. 이로 인해 학교생활에 적응하지 못하거나 교우 관계에 불화가 생기기도 하고요. 아무도 없는 집에 들어가기 싫어 학교 주변을 배회하다가 저녁도 제대로 먹지 못하는 학생도 있습니다. 이런 상황에서는 지속적인 경제적·심리적 지원뿐 아니라 지역 기관과의 연계가 필요할 수밖에 없습니다.

제도적인 해결 방법으로는 교육복지 지원, 심리상담 지원 및 교우 관계 소통 교육, 지역아동돌봄센터 연계, 주말에도 급식할 수 있는 곳과의 연계 등이 있습니다. 이 과정에서 학생과도 꾸준히 만나게 되고 보호자와도 자주 소통을 하며 많은 에너지를 쓰는데, 이런 학생들의 경우 특히 졸업 후의 상황이 궁금하기도 합니다.

⑪
아이들은 밉지 않은 색이다

미술치료사
정성희

내가 좋아하는 화가의 말로 글을 시작하려 한다.
"저는 가르치지 않았어요. 볼 기회를 많이
줬습니다. (…) 사시사철 변하는 자연과 살아 있는
생명을 느끼게 해 줬지요. 색채도 가르쳤지만
제가 가르친 건 세상에 미운 색이 하나도 없다는
거예요. 밉게 보인다면 그건 그 옆에 어떤 색이
모자라서죠." [37]
노은님 작가가 한 인터뷰에서 독일
함부르크조형예술대학 교수로서의 경험을 회고한
말이다. 노은님 작가는 1960년대 간호사로 독일에
파견 갔다가, 근무하는 병원에서 열린 작은 전시를
계기로 화가의 길을 걷게 된 인물이다.
"세상에 미운 색이 하나도 없다는 거예요."
이 문장을 읽는 순간, 정말로 세상에 미운 색이
하나도 없어졌다. 미술치료사 정성희를 만난
자리에서, 나는 이 말을 다시 떠올렸다.
정성희는 색을 다루는 사람이다.
우리 주변엔 미운 색이 많다.
너는 이래서 밉고, 너는 저래서 밉다.

---

[37] 「[김지수의 인터스텔라]"동물원 같던 집에서 보낸 어린 시절이 평생 자산 됐다"」, 김지수, 《조선일보》, 2018.7.28.

얌전하지 않아서, 공부를 안 해서, 말을 듣지 않아서….
어떤 색은 누군가를 '미운 아이'로 만든다.
정성희는 그런 '미운 아이'들과 함께 미술치료 프로그램을 진행해 왔다.

※초·중등교육법 제19조의2에 따라 학교에 전문상담교사를 두어야 한다. 그러나 위(Wee)센터나 학내 복지실과 계약을 맺어 학교에 파견을 오는 상담사와 강사의 법적 지위를 보장해 줄 명문화된 근거는 없다.

외톨이같이

"프랑스에서 지역민을 대상으로 하는 취미 미술 수업에 참여한 적이 있어요. 자기 생각을 다양한 매체로 표현하는 법을 수업에서 다루더라고요. 한국에 돌아와 보니 그때 배운 내용이 미술치료(그림이나 점토 세공과 같은 회화나 조형 활동을 심리 치료나 재활 치료에 적용하는 조력 활동)랑 무척 닮은 거예요."

정성희가 프랑스의 국립 미술학교인 에콜데보자르에서 공부할 때였다. 학교가 있던 브레스트는 프랑스 서부의 항구도시였는데, 지역민을 대상으로 한 예술 강좌가 종종 열렸다. 궁금한 마음에 그도 수업에 참여했다. 한국에서 미대 입시를 준비하며 그림을 배운 경험뿐인지라, 프랑스에선 일반인들이 미술을 어떻게 접하는지 알고 싶었다. 15년 전이었으니, 한국에선 '성인 취미 미술' 같은 것을 보기 드물던 때였다. 그 수업에서 미술은 자기 생각을 표현하는 수단이었다. 미술을 바라보는 이러한 시선은 그 자신이 미술을 시작한 이유인 동시에, 입시 미술 중심이던 한국에선 배울 수 없던 것이었다. 유학을 마치고 돌아와 정성희는 미술치료사 일을 시작했다. 올해로 9년 차다.

'치료'라는 다소 무거운 단어가 붙지만, 그가 생각하는 미술치료란 '마음을 표현하고 서로 소통할 수 있도록 이끄는 작업'일 뿐이다.

"어린아이일수록 생각을 말로 표현하기가 힘드니까 그림이나 색으로 표현하게 하는 거죠. 미술치료를 하다 보면, 외톨이같이 지내는 아이를 많이 봐요. 가족과 함께 있는 자리에서도 휴대전화만 보고, 소통 없이 지내는 그런 아이들. 만나면 활발하게 웃고 이야기도 많이 하지만 막상 그림을 그리면 거기서 외로움이 드러나요. 말할 사람이, 친구가 필요한데 어떻게 소통해야 하는지를 모르는 거죠."

코로나19 팬데믹을 지나며 외로운 아이가 더 많아졌다. 그런 아이들이 그림을 통해 자신의 감정을 말하고, 상대의 감정을 알아 가도록 이끌어 준다. 아이들은 차차 소통하는 법을 익힌다. 그런데 외로움은 단순한 소통의 문제가 아니다.

"학교는 공부를 잘하지 못하면 고유한 한 사람으로 인정해 주지 않는 분위기잖아요. 학교가 만든 틀에 맞지 않는 학생은 그 존재를 인정받지 못하니 아이들이 많이 외로운 것 같아요."

특정한 색만을 '예쁜 색'이라 규정하는 사회에서 자신의 존재를 긍정할 수 없는 아이들은 외로워진다. 자신의 색을 표현할 방법을 찾지 못한다. 놀라운 것은, 조금만 물꼬를 터 주면 그들은 자신이 밉지 않은 색이라는 사실을 끊임없이 알려 온다는 점이다.

"아이들은 되게 쉽게 마음을 열어요. 금세 변하는 게 제게도 느껴지고요. 변화할 의지와 힘이 있는 거예요. 학교에서 자신은 뭔가 다르고 유별난 존재로, 열외로 취급받는 경우가 많은데 여기선 그런 것 없이 자기 이야기를 들어 주고 공감해 주어서, 사랑해 줘서 감사하다고, 그런 말들을 해요."

학교에 가다

정성희는 심리상담센터에 소속되어 미술치료를 이어 갔다. 학생 집으로 찾아가기도, 청소년 복지 기관을 통해 만나기도 했다. 그리고 학교에 갔다.

"처음 학교로 간 건 코로나19 팬데믹이 시작되기 직전이었어요. 이전에는 학교에서 상담센터로 학생들을 보내기만 했죠. '특별교육'이라고 해서, 몇 점 이상 벌점을 받은 학생은 위센터를 통해 외부 심리상담 기관으로 가게 되어 있어요. 그러다 보니 학교폭력 가해 학생도 종종 센터로 와요. 학교에선 이 학생들을 보낼 때면 '조심해야 한다. 이런 식으로 행동할 수 있으니 주의해라.'라는 식의 이야기를 많이 해요."

학교 측이 전달한 우려가 아니더라도, 만남은 조심스러웠다. 사건이 벌어졌고 폭력의 피해자가 있기 때문이다.

"센터 원장님이 이런 말씀을 하셨어요. 이곳에서만큼은 아이들을 가해 혹은 피해라는 잣대로 판단하지 말고, 그런 거 다 잊고, 한 명의 인간으로 보라고. 한 명의 인간으로 보면 또 다른 면이 보이거든요. 하나의 인격체로서 아이가 겪은 문제와 그 문제를 해결해 나갈 길이요. 문제를 일으키는 아이는 학교에서 투명 인간인 경우가 꽤 있잖아요."

정성희는 '사건 이후'를 강조해 말한다.

"학교폭력으로 신고가 들어오면 가장 먼저 하는 게 분리 조치예요. 가해 학생에게 접근금지명령을 내리고, 그 학생을 전학 보내고, '피해 학생에게 연락하지 마.'라고 하죠. 학교폭력은 사건이 일어난 이후가 더 중요한데, 어른들에게 학교폭력은 학생들을 분리하고 처벌하면 끝나는 문제인 거예요. 그런데 아이들이 자라는 과정에서 갈등을 해결 못 하면 제대로 성장할 수가 없어요. '왜 그런 일이 생겼는지, 나의 행동이 남들에게는 어떤 의미일지' 고민하고 갈등을 해결하는 방법을 찾아 나가야 하는데 그게 가로막히는 거죠. 특히 요즘은 초등학생도 학교폭력 문제로 많이 오니까. 어린 친구들은 문제를 자기 입장에서만 보거든요. 상대에게 내 행동이 어떻게 받아들여지는지 알고, 상호작용을 배우고, 갈등을 겪고, 사과하는 연습을 그 나이부터 해야 하고 또 할 수 있는 시기인데도 그걸 못 가르쳐 주는 거죠."

학교폭력은 민감한 사안이다. 그럼에도 그가 잊지 않으려 하는 건 모두가 '학생'이라는 사실이다. 시도하고 좌절하고 부딪치면서 겪어야 하고 배워야 하는 학생이다. 정성희가 보기에 학교는 그들에게 자꾸만 배움의 기회를 박탈하고 있다. 학교에서 일어나는 폭력과 그로 인한 상처와 외로움은 많은 경우 배움을 지식으로, 배움의 결과를 성적으로 한정하는 시스템으로부터 비롯했다. 그는 학교라는 시스템 안으로 들어가 보고자 했다.

"처음 학교에 갈 때는 '아이들을 학교라는 시스템 안에서 구출해 주어야겠다.' 하는 마음이었어요. 그러다가 '아니다. 일단 아이들의 이야기라도 들어 줘야겠다.' 그렇게 생각이 바뀌었어요. '어른인 친구 한 명이 되어 주어야지.' 어려움을 겪을 때 그걸 폭력적으로 표출하지 않을 수 있다는 사실을, 다른 방법이 있다는 사실을 먼저 알게 된 어른이니까요."

마음의 문을 열려고 하면

학교 안에서 이뤄지는 미술치료 프로그램에도 고충이 있다. 우선 '치료'에 대한 거부감이다.

"자녀에게 치료와 상담이 필요하다는 사실 자체를 인정 못 하는 분도 있어요. 그래서 미술 수업인 것처럼 설명하고 진행하는 경우가 많아요."

그런데 이 시간을 말 그대로 '수업'이라고 생각하면 문제가 발생한다. 사람들은 수업에 '적합한' 학생의 태도가 따로 있다고 믿기 때문이다.

"학교에는 규칙이 있잖아요. 프로그램 진행을 도우려는 의도로, 미술치료 시간 도중에 학교 선생님이 학생들을 단속할 때가 있어요. '너는 왜 가만히 있니?' '이걸 왜 그렇게 하니?' '거친 말 쓰지 마라.' '이거 해라. 저거 해라.' 그런 말이 아이들 마음을 더 닫히게 만드는데도요. 미술치료 시간조차 수업처럼 생각하는 탓이죠. 프로그램을 시작할 때 아이들하고 약속하거든요. '여기서 서로 나누는 이야기는 다 비밀이다. 결코 비밀을 누설하지 않는다.' 이런 약속하에 진행하는 건데, 선생님이 개입하면 그 약속이 다 깨지는 거예요."

그러니 사전에 담당 교사와 소통하는 일이 중요하다. 프로그램의 취지를 충분히 설명하고 양해를 구한다. 이해하고

협조하는 교사도 있고, 자신이 정한 모범생의 틀을 내려놓지 못하는 교사도 있다. 교사의 몸에 밴 모범생 기질이 학생들을 판단하고 가르는 시선에도 영향을 끼친다. 담당 교사와 어느 정도 원활한 소통이 가능할지는 해당 교사의 성향, 세대, 프로그램 이해도에 따라 다르겠지만 그보다 더 크게 영향을 미치는 것은 상담 프로그램의 회차, 즉 시간이다.

"상담 시간과 횟수가 충분히 확보될 경우에는 담당 교사랑 소통하면서 수업을 조율해 나갈 여지가 생기는데, 짧으면 그럴 기회조차 없어요."

어떤 학교는 프로그램 일정을 겨우 서너 회차로 잡아 두기도 한다.

"'이제 학생이 마음의 문을 열었구나' 싶은데 수업을 끝내야 하는 거예요."

이는 예산 문제와도 맞닿아 있다. 장기 프로그램을 편성할 예산이 부족한 경우가 많다. 그리고 예산을 가져와 진행하는 사업은 결과물을 요구하기 마련이다.

"운 좋게도 저는 제 상담 방식을 잘 이해해 주는 선생님들을 만났지만, 다른 치료사분들의 이야기를 들어 보면 프로그램을 공예 수업처럼 진행해 달라고 요구하는 학교도 적지 않더라고요. 공예 작품같이 전시할 수 있는 결과물을 만들어 달라는 거죠. 성과를 누군가에게 보여 주어야 한다고 생각하는 거예요."

그가 학생들의 변화를 눈치채는 건 연필 선의 굵기나 여백의 정도, 그림의 위치 같은 미세한 표현에서다. 그런데 학교에서는 눈에 선명히 들어오는 변화나 결과물을 요구한다.

"그림은 마음의 심상이라고 하거든요. 내 마음이 표현되는 거예요. 뒷모습을 더 많이 그린다거나, 숨는 그림을 그린다거나, 선을 너무 약하게 그린다거나, 구석에 보이지 않을 정도로 조그맣게 그린다거나, 그런 그림의 미묘한 상태를 보면서 이 아이의 마음을 파악하거든요."

그럴 때는 작더라도 성취감을 줄 수 있는 프로그램을 배치한다. 몇 번의 만남 후 마지막 날에는 다시 같은 그림을 그려 볼 것을 권한다.

"똑같은 그림을 그리라고 해도 좀 더 힘 있게 그린다거나 그림이 좀 더 중앙에 와 있다거나, 이런 변화를 느끼는 거죠."

하지만 지금의 학교는 기다려 주는 곳이 아니다. 배움은 성적으로 결과를 보여야 하고, 공모전과 콩쿠르 수상으로 증명되어야 한다. 그런 분위기는 자연스레 치유의 성과마저 눈앞에 보여 달라는 요구로 이어진다. 한 아이가 마음의 안정을 찾고 자기 감정을 알아 가게 되는 것만으로 충분하지 않은 것이다. 눈에 보이는 무언가를 좇느라 정작 아이의 마음은 보지 못한다.

"회차가 적은 게 이해되기도 해요. 학교 복지실이나 상담실에서 쓸 수 있는 예산은 한정적이고, 학교에는 많은 인원이 있고, 소수의 아이만 보살펴 줄 수는 없으니까요. 가장 좋은 건 프로그램이 끝난 뒤에 학부모들이 개별적으로 센터를 찾아와 아이들 문제를 상담하는 건데요, 안 오시는 경우가 대부분이죠."

'미운 색'에 대한 숱한 편견과 오해, 외면 속에서 부모는 자녀가 지닌 본연의 색을 인정하지 못한다. 주변의 시선을 의식하여 상담센터 문을 두드리지 않는다.

잃어버린 소통을 찾아서

정성희가 학생이던 20년 전에 비하면 지금의 학교는 부족함이 없다. 방과후수업이나 특기 활동 프로그램이 있어 원하면 무엇이든 배울 수 있고, 도서관에는 신간이 가득하다. 그런데도 학생들은 외롭다.

"친구를 만들 시간이 없는 거죠."

학교가 수행하는 기능은 점점 많아지는데, 정작 어쩌다 소통의 기능을 잃어버렸을까.

"영국은 고립을 중요한 의제로 보고 정부에서 외로움부

(Ministry of Loneliness)를 설립했잖아요. 고립은 어디서건 심각한 문제 같아요."

한국도 고립 청년에 대한 지원 정책을 내놓고 있다. 그러나 고립은 법적 성인이 된 후에 갑자기 등장하는 사건이 아니다. 교실에서도 학생들은 외롭다. 학원을 맴돌아야 하는 학생도, 집에 홀로 남아 있는 학생도 외롭다. 정성희는 소통의 부재를 공동체의 부재와 연결 지어 생각한다. 사람과 사람을 연결하고자 고민하고 있다.

"아이들 한 명 한 명을 만나 상담하는 일도 굉장히 중요하지만, 근본적인 문제가 해결되지 않으면 힘든 아이들은 계속 나타날 수밖에 없어요. 결국 시스템이 문제인 거죠. 그 시스템을 조금이나마 바꿔 보고 싶어요."

정성희는 세상을 바꾸는 수단으로 디자인을 사용하는 사람이다. 프랑스에서도, 한국에서도 공공 디자인을 공부해 왔다. 디자인이라고 하면 흔히 로고나 제품 디자인을 떠올리지만, 그의 관심사는 사람을 둘러싼 환경과 정책, 나아가 사회가 작동하는 방식인 시스템에 영향을 주는 디자인이다.

"환경을 구성해 본다거나, 어떤 개념 혹은 아이디어를 만들어서 그것이 현실에서 실현되도록 실험해 본다거나. 이 모든 게 디자인의 영역이거든요. '인생을 설계한다'고 하잖아요. 그마저도 디자인의 영역이죠."

그는 사람 사이의 연결을 디자인하고자 한다. 이때의 연결은 학생과 학생, 어른과 아이 같은 단순한 조합이 아니다. 자기만의 관심과 흥미, 성향과 가치관, 상상력과 창의성을 지닌 고유한 색을 가진 사람들의 공동체다. 노은님 작가의 말처럼 "밉게 보인다면 그건 그 옆에 어떤 색이 모자라서"이므로, 우리에겐 서로서로 빈틈을 채워 줄 누군가가 필요하다. 그렇기에 공동체를 꿈꾸고, 꿈꾸는 공동체를 디자인하고자 한다.

마지막으로 그에게 물었다. 어떤 사람이 되고 싶은지.

"내 모습 그대로 살아가는 사람이 되고 싶어요."

세상의 시선이라는 필터를 거쳐 판단하지 않고, 학생 스스로 본연의 색을 유지하며 지내도록 이끌고자 애쓴다. 그러니 자신도 그런 이가 되고 싶다.

매번 다른 학교로 가서 다른 사람을 만나는 일이 힘들진 않나요?

저는 MBTI에서 P의 비중이 아주 높아요(자유롭고 즉흥적이며 새로운 것을 좋아하는 유형이죠). 취미 중 하나가 새로운 공간에 가고, 새로운 것들을 발견하는 것이랍니다. 그래서 새로운 사람을 만나는 것도 즐거워요. 특히 아이들은 어른들이 생각하지 못한 새로운 것을 만들어 내니까요. 정든 아이들과 헤어질 때는 아쉽지만, 매번 새로운 학교, 새로운 학년, 새로운 사람들을 만날 생각에 설레요.

미술을 잘하고 싶어요. 방법이 있나요?

미술은 자신의 마음을 표현하는 방법 중 하나라고 생각해요. 그림이든 언어든 음악이든, 각자의 방식대로 자신을 자주 표현하는 것이 방법인 것 같아요. 자신을 표현하는 방법을 터득하게 되면 미술로 표현하는 일도 자유로워지는 것 같아요. 먼저 내 마음을 들여다보는 게 어떨까요?

미술치료를 하면서 선생님도 배우거나 마음이 치유된 경험이 있나요?

7년 동안 만난 학생이 있었어요. 5년 정도 됐을 무렵부터 자신의 의사를 직접적으로 정확하게 표현하게 되었어요. 부모님과 이견이 생겨 조율이 필요할 때는 자신의 상황이나 심정과 비슷한 내용의 영화, 그림 등을 찾아서 설득하고 소통하기도 하고요. 그 학생을 통해 사람과 소통하는 방법을 새롭게 보게 되었어요.

또 미술치료 과정에서 저는 아이들의 긍정적인 측면을 많이 부각하곤 해요. 그런데 그 학생이 말하길, 본인이 살아 보니 긍정적인 면만 중요한 게 아니라고 하더라고요. 그 학생을 통해 배우게 되었죠. 학생들에게 좋은 말만 해 주는 것을 넘어 진실을 전해 주는 태도가 중요하다는 것을.

제 머릿속이 복잡한 생각으로 가득할 때, 학생들과 이야기를 나누면 직관적인 충고를 통해 해답을 얻는 경우가 있어요. 아이들은 진실을 보는 눈이 있는 것 같아요. 아이들은 저를 만날 때 무조건적으로 환대해 줘요. 어른들처럼 이리저리 재지 않고요. 그 환대를 받으면 마음이 저절로 치유가 되는 것 같아요.

⑫ 도전하는 일을 23년째

특수교사
김미연

사람을 만나 그들의 이야기를 듣고 글로 적는 일을 직업으로 삼은 뒤, 내겐 줄곧 이런 고민이 있었다. '의사소통이 어려운 사람들과 어떻게 대화를 나눠야 할까? 그들의 말을 어떻게 알아듣지?' 언어장애가 있는 이들과의 소통은 특히 어려워 보였다. 그래서 장애인 활동 지원사나 장애인 인권 단체 활동가들을 만나면 그에 관해 물어보곤 했다. 관련 교육도 들었다. 하지만 아무리 물어도 돌아오는 답은 하나였다.

"계속 들어야 해요."

일단 자주 만나야 하고, 자꾸 들어야 하고, 못 알아들었으면 한 번 더 말해 달라고 하는 수밖에 없다고 했다. 그렇다. 소통은 시간이 필요한 일이다. 그러고 보면 타인의 말을 단박에 '알아듣고', '알아듣게 말한다'는 건 비장애인의 방식에 맞춰진 이야기다. 소통하고 싶다면 어떤 방식으로든 천천히, 세심하게 대화를 나누면 된다는 것을 깨닫는다.

잘 듣는 연습이 필요한 만큼, 원하는 바를 잘 표현하는 훈련 역시 필요하다.

"학교에서 제일 많이 다루는 건 국어와 수학이에요.

특수교사 - 김미연

읽고, 쓰고, 셈하고, 시계 보는 법도 배우고.
모두 삶을 영위하는 데 중요한 일이기 때문이죠.
일상적인 자조(自助, 자기를 위해 스스로 애쓰는)
기술도 익혀요. 옷을 바르게 입고, 잘 먹고, 다 먹은
걸 정리하고. 물건을 들고 가서 다른 누군가에게
전달하는 것도요. 이 모든 걸 연습하죠. 그리고
원하는 바를 자기만의 방식으로 표현하는 거.
그걸 굉장히 중요하게 생각하면서 가르칩니다."
생각과 감정을 자기만의 방식으로 표현하는 법을
배우는 교실이라니. 잘 표현하고, 잘 이해하기 위해
서로 노력하는 이들의 이야기가 궁금해졌다.
23년 차 특수교사 김미연을 만나 특수학급에서
가르치고 배우는 일에 관해 들었다.

> 국가 및 지방자치단체가 장애인 및 특별한 교육적 요구가 있는 사람에게 통합된 교육환경을 제공하고 생애주기에 따라 장애유형·장애정도의 특성을 고려한 교육을 실시하여 이들이 자아실현과 사회통합을 하는 데 기여함을 목적으로 한다.
> — 「장애인 등에 대한 특수교육법」 제1조

디테일이 필요한 일

"다른 사람하고 잘 지내는 게 중요한데, 사실 쉬운 일은 아니죠."

타인과 잘 지내는 건 누구에게나 중요한 일이다. 함께 잘 지내기 위한 노력의 하나로 소위 '일반' 학교에 특수학급이 만들어지고, 곳곳에서 통합교육도 이뤄지고 있다.

"학생들은 '특수반'이라는 이름이 익숙할 거예요. 초중고를 거치면서 한 번쯤은 장애 학생과 같이 수업을 받기도 했을 테고요."

김미연이 학생이던 시절에는 특수학급을 갖춘 학교가 거의 없었다. 장애가 있는 또래와 같은 교실에서 공부한 경험이 없는 사람이 대다수였다. 그 시절에 비해, 지금은 장애라는 특성이 생소하지 않다. 그렇다고 장애에 관한 인식이 나아진 것은 아니다.

특수교사 - 김미연

"장애를 혐오 표현으로 쓰는 경우도 많지만, 좋게 표현하려는 의도로 '아픈 아이'라고 말하기도 하더라고요. 사실 장애 학생들은 아프지 않거든요. 그래서 학생들 교육할 때나 교사 연수에서도 설명해요. '아프지 않다. 장애라는 개별적 특성을 지닌 것뿐이다.'라고요."

가르치는 장애 학생들 저마다의 특성을 이해하고, 강점과 약점을 파악해 개별적인 교육 목표를 세우고자 한다. 일명 개별화교육계획이다.[38]

"그래서 이 일은 굉장히 도전적인 일이기도 해요."

도전이라. 특수교사는 어렵고, 힘들고, 그렇지만 의미 있는 직업이 아닐까 막연히 생각했다. 그렇지만 도전적인 일이라는 말은 좀 낯설다. 학생 개개인에게 무엇을 가르칠지, 그걸 어떻게 가르칠지를 판단한다. '무엇을'과 '어떻게'에는 디테일이 필요하다. 그러니 교사로 해를 거듭해도 새로운 과제가 여전히 기다리고 있다. 매 순간이 도전이다. 김미연은 20년차 교사임에도 수업 계획을 꼼꼼하게 짠다. 성실한 준비로 도전을 받아들인다. 그렇다고 수업이 계획대로 진행되는 건 아니지만 말이다.

---

[38] 주로 특수교육 분야에서, 특수교육 대상자의 개별적인 장애 유형과 특성 및 교육적 요구를 고려하여 학습자 개인의 능력을 계발하기 위한 학습 목표·학습 내용·학습 방법·학습 환경 등의 계획을 수립하는 일.

"저희 반에는 네 명이 오는데 각기 다른 학년이에요.[39] 나이도, 학년도, 특성도 모두 다른 아이들이 한 교실에 모여 있어요."

휠체어로 이동하는 중증 뇌병변 학생과 신체 움직임은 자유롭지만 의사소통과 감정 표현이 어려운 중증 자폐 학생이 한 교실에 있다. 그 옆에 감정 표현은 자유롭지만 그만큼 기복이 큰 지적장애 학생도 함께한다. 특정 행동에 강박 증세가 있는 학생도 있고, 우는 것이 주된 의사 표현인 학생도 있고, 무기력한 태도가 특징인 학생도 있다. 적극적인 학생, 양보를 잘하는 학생, 또랑또랑한 학생도 있다. 모두가 다르다.[40]

각각 다른 학생 한 명과 10분씩만 시간을 보내도 40분 수업이 끝난다.

"그러면 시작하자마자 수업이 끝나는 거랑 똑같거든요."

쉬는 시간을 알리는 종이 울려도 특수교사는 쉴 시간이 없다.

"통합학급으로 가야 하는 애들 챙겨서 보내고, (특수학급) 교실에 남은 애들 화장실도 챙겨 보내고. 쉬는 시간에 놀이할

---

[39] 특수교육법은 특수학급의 인원 수를 초등학교와 중학교는 최대 6명, 고등학교는 최대 7명으로 규정하고 있다.

[40] 이는 이해를 돕기 위해 임의로 표현한 예시들로, 김미연 교사가 운영하는 특수학급 학생들의 특성이 아니다.

것을 제안하고, 노는 모습을 관찰해요. 정말 쉴 틈이 조금도 없이 시간이 가요."

퇴근 후에는 한숨 돌리면 좋겠는데, 그것도 아니다.

"집에 가서 샤워하면서도 생각해요. '오늘 한 방법이 정말 맞는 걸까?' 끊임없이 저에게 질문해 보거든요. 아이가 수업 내용을 잘 받아들이지 못한 날, 특히 '어려운 행동'을 한 날은 무엇 때문이었을지 굉장히 많이 생각하게 돼요."

어려운 행동. 예전에는 이를 '문제 행동'이라 불렀다. 장애 학생의 특정 행동을 '잘못된 것'으로 취급하던 시절을 지나, 지금은 '어려운(또는 도전적) 행동'이라 부른다. 말하고자 하는 바가 있지만 그걸 적절히 표현할 수 없는 경우 아동은 '어려운 행동'으로 자기 표현을 한다.

"'이유가 있을 거야. 그 학생에게 어떤 일이 있었고 그래서 어떻게 행동했지?' 앞뒤 상황을 생각해서 원인을 찾으려고 많이 고민하는 편이에요. 물론 못 찾는 경우가 많습니다."

그러다 실마리를 발견하면 정말 기쁘다.

"표현하는 법을 몰라서 타인에게 공격적인 행동을 보이던 학생이 자신의 요구를 전달하는 법을 열심히 배웠어요. 그랬더니 정말 자기 생각을 표현하는 거예요. 그런 걸 보면, 내가 되게 중요한 역할을 했구나. 다른 선생님들이 '○○이가 많이 컸어요.' 이렇게 이야기해 주시면 정말 기쁘고요. 그게 참 이 일을 벗어날 수 없게 만드는 것 같아요. 특수교사들을 계속 이 자리에 있게 하는 힘이죠."

가장 좋은 건 학생들이 조금이라도 성장하는 모습을 보는 일이다.

"성장하는 걸 보고, 그 성장을 찾아내는 저를 볼 때 보람을 느끼죠. 하루가 끝나기 전에 작은 것 하나라도 찾아서 아이들에게 '오늘은 이런 걸 했구나. 너무 멋있어.' 같은 말을 해 주려고 노력하거든요."

성장은 그냥 찾아오는 것이 아니다. 애써서 발견해야 하는 일이기도 하다. 그럴 때면 아이들의 성장을 읽어 낼 수 있게 된 자신의 성장도 느낀다. 그 자신 또한 저절로 자라나는 건 아니다. 애쓰고 고민하며 얻은 교사로서의 성장이다.

"이 일 자체가 사람을 만나는 일이어서, 애를 쓸 수밖에 없다고 생각해요. 일을 안 하면 안 했지, 애를 쓰지 않을 순 없는. 물론 부족한 부분이 있고, 여전히 많이 공부해야 하고, 마음과 실천에 간극이 있지만 그럼에도, 그렇습니다. 늘 애를 쓰고 있어요."

특수교사 - 김미연

세상을 바꾸는 일

김미연이 신입 교사이던 20년 전, 특수학급이 있는 학교는 지금보다 현저히 적었다. 통합교육이 법으로 규정되어 있었으나, 같은 학교를 다니기만 하는 물리적 수준의 통합이었다. 장애 아동의 존재는 또래에게는 물론, 교사들에게도 낯설었다. 특수교사는 동료 교사들과 학내 구성원에게 장애 학생의 특성을 설명하고 이해시키고, 양해를 구하는 일을 해야 했다. 장애 학생이 있는 반 담임에게 그 학생의 행동 패턴을 설명하는 것은 기본이고, 학생이 지닌 강박이나 성향에 따라 앉는 자리와 짝꿍 배치는 물론, 기호와 쉬는 시간 사용 등 온갖 일을 당부하고 부탁해야 했다. 계속된 당부를 받는 사람도, 계속 부탁해야 하는 사람도 편치 않은 건 당연했다.

"감정 노동을 많이 했죠. 제가 가르치는 아이가 통합학급에서 잘 지내려면 통합학급 담임선생님과 저의 관계가 아주 좋아야 하고, 그러려면 제가 먼저 가서 아이가 잘 지내도록 노력을 해야 하는 거예요. 엄청난 감정을 쏟는 일이 필요한 거죠."

쉬는 시간도 없이 특수학급에서 동동거리다가도 짬을 내어 다른 교사들을 찾아가고, 장애 학생이 속한 반 학생들에게도 관심을 보여야 했다. 그래서 이런 말이 생겨났다고 한다.

더디 가도 함께 가는 우리

할 일

기록장을 바구니에 넣어요.

내 기분에 이름표를 붙여요.

가방을 걸어요.

다 했어요.

'특수교사는 특수학급에 가면 몸은 천국인데 마음이 지옥이고, 특수학교에 가면 몸이 지옥이지만 마음은 천국이다.' 특수학교처럼 장애 학생이 다수인 곳에 가면 몸은 힘들어도 마음은 편하다고 했다. 그곳에선 장애를 특이하게 여기거나 낯설어하는 이들을 설득해야 하는 일은 없기 때문이다.

통합교육이 도입된 지 30년이 지났지만, 여전히 장애 학생은 반 친구가 아닌 장애 학생이고, 특수교사는 동료 교사가 아닌 특수교사다. 변화의 걸음은 더디다. 하지만 김미연이 생각하기에 장애 아동에게 배움은 '생명수'와도 같기에, 꾸준히 이 길을 걷는다. 비장애인들은 교육적 인프라가 있지 않아도 배움을 얻을 기회가 있다. 사람과 어울리는 것만으로도 무언가를 배우고 익힌다. 하지만 장애를 지닌 채 살아가는 이들에게는 그 어울림의 기회조차 없다. 공적인 영역에 들어가 생활을 익히고 관계를 배울 공간이, (지금으로서는) 학교 교실이 거의 유일하다.

"열심히 가르쳐도 고등학교를 졸업하고 나면 아이들은 다시 집으로 가요. 집으로 가거나, 장애인 시설로 가거나 둘 중 하나죠. 저는 시설이 없어져야 한다고 생각하지만, 현실은 이러해요."

더 멀고 넓은 세상으로 가려고 학교에 왔는데, 그 학교를 나서면 정작 갈 곳이 없다.

"세상이 아직 바뀌지 않았기 때문에 어쩔 수 없이 학교라는 곳에서 해야 하는 일들도 존재하죠. 나중에 아이들이 성인이 되어 장애인 주간보호시설이라도 가려면 거기서 요구하는 것들을 갖춰야 하니까요. 혼자 대소변을 가릴 수 있어야 하고, 혼자 이동할 수 있어야 하고, 일정 시간 자리에 앉아 있을 줄 알아야 하고. 수업하다 보면, 이 아이가 40분 동안 책상에 앉아 있는 게 무슨 의미가 있을까, 그런 질문을 스스로 던지게 돼요. 그러면서도 앉아 있는 법을 가르치죠. 왜냐하면 그다음 단계로 가는 데 필요하니까요."

아이의 성장이 과연 세상에는 어떤 의미일까. 아이더러 바뀌라고 하는 세상은 정작 어떤 노력을 하고 있을까. 이 질문은 계속해서 김미연의 주변을 맴돈다. 그 질문을 던지던 끝에, 김미연은 세상을 바꾸는 데 함께하기로 했다. 우리가 왜 장애 학생과 함께해야 하느냐고 묻는 건 통합학급의 아이들만이 아니다. 특수학교 설립을 두고 지역 주민들이 격렬하게 반대했다는 소식이 이따금 들려온다. 무릎까지 꿇고 주민들을 설득하던 장애 학생 부모들의 모습에 잠시 반향이 일다가도 곧 사그라든다. '왜 공존해야 하죠?'라는 질문의 답은 우리 모두가 찾아야 한다.

발달장애의 면면을 다룬 책『나는 당신의 숙제가 아니에요』에는 이런 문장이 나온다.

"장애가 있는 자녀에게 세상을 가르치는 일도 중요하지만, 이 세상에 내 자녀의 장애를 가르치는 일도 중요합니다."[41]

한 아이를 키우는 일에는 하나의 마을이 필요하다는데, 때론 하나의 마을을 바꾸는 일도 필요하다. 가르치는 학생들이 교실 밖에서 마주칠 세상의 벽이 너무도 높기에, 특수교사 김미연의 역할도 교실 안에서 끝나지 않는다. 그러니 그는 장애인 이동권 투쟁을 지지한다. 전쟁을 반대하고, 사회적 참사를 기억하는 일에 함께한다. 그리고 다시 학교로 돌아와 교육 현장을 바꾸는 일에 힘을 쏟는다.

동료를 기다리는 일

"학교에는 정말 사람이 필요하거든요. 곁에 사람이 있어야 아이들이 성장하는데, 사람이 부족해요."

제도는 통합교육을 역설하지만, 교육 현장에서 특수교육은 여전히 부록이나 번외 취급이다.

"한 아이가 성장하는 데는 여러 분야가 협력해서 제도를 수정하고 적용하고, 이런 과정이 필요하거든요. 교사도 지금

---

[41] 『나는 당신의 숙제가 아니에요』, 김성남, 쌤스토리, 2022. 20쪽

보다 늘어야 해요. 실무를 지원하는 사람도 더 필요하고요. (특수교육 대상 학생들의 어려운 행동을 예방·중재하는) 행동 중재 전문가들도 학교에 들어와야 해요. 일할 사람을 안정적으로 두고, 재정을 투입해야죠."

사람을 키우는 일에는 사람이 필요하다.

"제가 이 일은 '도전적인 일'이라고 말했잖아요. 그건 학생들을 잘 가르치는 것만으로 이 일이 끝나지 않기 때문이에요. 협력적인 태도도 굉장히 중요하고, 이해와 공감도 중요하고. 가르치는 일은 가르치는 자신을 넘어서야 하는 일이에요. 그런데 그보다 힘든 건, 현장에 있는 특수교사에게 모든 것이 다 맡겨지는 현실이에요. 통합교육은 특수교사의 발바닥 크기만큼 변한다고 해요. 하지만 교육의 질이 교사의 발바닥 크기에 좌우되면 안 되는 거잖아요. 한 명의 특수교사가 얼마나 열심히 하느냐에 따라 그 학교 전체 특수교육의 질이 달라진다는 건, 개인에게 너무 가혹한 일이라고 생각해요."

교사에게도, 학생에게도, 그리고 이 사회에도 가혹한 일이다. '교권 침해'가 이슈가 된 지금 "교사가 어려움에 처했을 때 아무런 지원 시스템이 없는 것이야말로 정말 교권을 침해하는 일"이라는 그의 말에 고개를 끄덕일 수밖에 없다.

이날 김미연은 종종 말끝을 '-습니다'로 매듭지었다. 긴장해서 말투가 어색하다거나 준비한 답변만 읊는 것과는 달랐다. 자연스럽게 대화하다가도 '-습니다'로 말을 마무리하곤 했다. 말투 때문인지, 그의 말은 마치 스스로 하는 다짐처럼 다가왔다. 앞서 언급한 책의 제목처럼 우리는 누군가의 숙제가 아니다. 다른 누군가가 우리의 숙제일 수도 없다. 우리는 그저 각자에게 주어진 숙제를 하면 된다. 김미연도 자신의 숙제를 하고 있다. 자신이 가르치는 학생들을 어떻게 더 나은 세상으로 나아가게 할 것인가. 숙제는 늘 어렵다. 어려운 숙제를 잘하기 위해 김미연은 스스로 되돌아보며 매일같이 다짐한다.

마지막으로 그는 특수교육학과에 진학하고자 하는 학생들에게 말을 남겼다.

"특수교사는 사람을 이해하고 사람에게 공감하는 일이에요. 단순히 지식을 가르치는 게 아니고 협력적인 태도도 굉장히 중요하죠. 그래서 도전적인 일이라고 표현하는 것이고요. 한 사람의 성장에 하나의 중요한 발판을 놓는 직업이기도 하니까, 일에서 큰 보람을 얻고 '잘 살았다'는 감각도 충분히 느낄 수 있을 거예요. 장애인에게 교육은 생명수라고 이야기하곤 하는데요, 누군가에게 함께 생명수를 줄 사람이 늘어나길 바라요. 교육 현장에 새로운 사람이 많이 와서 신선한 흐름을 만들 수 있으면 좋겠습니다."

김미연은 동료를 기다리고 있다. 더 많은 사람이 학교로 와야 하고, 더 많은 학생이 세상으로 나가야 한다.

우리 반의 장애가 있는 친구와 잘 지내고 싶어요. 무엇을 하면 좋을까요?

누군가와 잘 지내고 싶을 때, 우리는 무엇을 하나요? 저는 먼저 친구에게 다가가 인사를 해요. 그리고 친구에 대해 알아보고 이야기를 나누고 시간을 '함께' 보내죠. 장애가 있는 친구와 지내는 것도 크게 다르지 않습니다. 친구가 좋아하는 것, 어려워하는 것, 싫어하는 것, 그리고 소통하는 방식 등을 알면 훨씬 가까워질 수 있습니다. 가장 좋은 방법은 당연히 친구에게 직접 물어보는 것입니다! 혹시 친구가 말로 대답하는 걸 어려워한다면 학교의 특수교사나 담임선생님께 여쭤보세요.

약간의 기다림과 인내심이 필요할 수 있어요. 장애가 있는 친구의 경우 그 특성으로 인해 상대방의 표현을 이해하고, 적절하게 반응하고, 자신을 표현하는 데 시간이 필요할 수 있거든요. 그리고 무엇보다 중요한 것! 옆자리의 장애가 있는 학생은 나와 같은 학년의 '친구'입니다. 어린아이나 무조건 도와줘야 하는 대상이 아니라, 함께 배우고 어울리는 친구로 대해 주세요. 누군가와 친하게 지내기 위해 필요한 '존중'과 '배려'는 장애가 있는 친구와의 관계에서도 당연히 필요하답니다.

"안녕? 난 ○○○야. 넌 이름이 뭐야?" 하면서 먼저 다가가 주세요.

특수교사 - 김미연

특수학급에서 공부하는 친구들도 시험을 보거나 숙제를 하나요?

초등학교에서의 평가는 우리가 흔히 알고 있는 '시험(문제를 풀고 채점을 하고 1등부터 순위를 매기는 방식)'으로 진행되지 않습니다. 특수학급에서 공부하는 친구들은 자신에게 적합한 방식으로 평가에 참여합니다. 특수학급에서 배운 것은 특수학급에서, 통합학급에서 배운 것은 통합학급에서 평가합니다. 중·고등학교의 경우 특수학급 친구들도 중간고사와 기말고사 등 지필평가에 참여하는 것으로 알고 있습니다. 원칙대로라면 개별화교육계획에 따른 평가가 이뤄져야 할 것입니다. 하지만 학교 현장은 그렇지 못하죠. 배운 내용이 다르고 목표도 다르다 보니 이 평가 방식에 대해 많은 고민이 있는 것으로 알고 있습니다. 단순히 배움의 정도와 학생 개인의 내적 성장을 확인하는 것이라면 이런 고민이 훨씬 줄어들겠지만, 지금처럼 '입시 경쟁'을 위한 시험에서는 특수학급 친구들을 위한 제대로 된 평가는 어렵다고 생각합니다.

학생의 상황이 허락하고, 또 필요하다면 숙제를 주기도 합니다. 다만, 이것이 보호자에게 또 다른 부담이 될 수 있어 충분히 협의하고 진행합니다. 저는 지금은 거의 숙제를 내지 않습니다. 학교에서 많이 긴장하면서 지냈을 테니 집에서는 좀 이완된 상태로 지내길 바라기 때문입니다.

왜 특수교육 대상 아동과 그렇지 않은 아동들이 같이 수업을 받아야 하나요? 수업에 방해가 되는데요.

　맞아요. 수업 시간에 소리를 내 방해가 되기도 하고 그 친구를 도와주느라 내 과제를 제시간에 마치지 못할 수도 있어요. 하지만 조금 다르게 생각해 볼까요? 우리가 사는 세상은 제각각 다른 사람들이 함께 살아가는 곳이에요. 어떤 사람은 말을 빠르게 하고, 어떤 사람은 천천히 해요. 어떤 사람은 글을 잘 쓰고, 또 어떤 사람은 그림이나 몸으로 표현하는 걸 더 잘하죠. 이렇게 서로 다른 사람들이 함께 살아가는 사회에서 중요한 건 속도가 아니라 함께하려는 태도예요.

　학교는 단지 지식을 얻기 위한 곳이 아니라 다른 사람을 이해하고 더불어 살아가는 연습을 하는 곳이기도 해요. 지금 우리가 교실에서 느끼는 불편함은, 사실 우리 사회가 서로 다른 사람들과 함께할 준비가 충분하지 않기 때문일 수도 있어요. 예를 들면, 자폐성 장애를 가진 친구들은 감각 자극에 민감한 경우가 많아요. 소리에 민감한 친구가 갑자기 큰 소리를 내거나 귀를 막는 행동을 할 수도 있어요. 교실이 혼란스러워지겠죠? 만약 교실에 그 학생을 위한 헤드폰이 미리 준비되어 있다면 그 친구는 더 편안하게 수업에 참여할 수 있을 거예요. 하지만 아직 많은 학교가 그런 준비를 하지 못했어요. 우리 사회도 마찬가지고요. 그래서 행동과 사람을 동일시하고, 그런 친구들을 '문제'로만 보는

특수교사 - 김미연

경우가 많죠. 다양성을 충분히 고려하여 환경을 조성한다면 불편함은 줄어들지 않을까요?

　　불편함을 피하는 대신 서로를 이해하고 적응할 때, 우리는 더 넓은 시야와 더 깊은 마음을 갖게 됩니다. 모두를 위한 환경 조성을 고민하고 실천하는 것, 이것이 바로 통합교육의 정신이고 우리 사회가 더 건강하게 성장하는 길이 아닐까요?

⑬ 서로 도움을 주고받는 연습

특수교육실무사
나현진

"저는 서울 강서초등학교 특수교육실무사 나현진입니다."
자신을 소개해 달라는 질문에 그는 진지하게 답한다. 그의 앞에 펼쳐진 종이를 힐끔 보니 사전에 보낸 질문마다 빼곡하게 답을 달아 두었다. 준비하는 사람이구나. 두 장짜리 A4용지가 그에 관해 힌트를 준다. 무엇이건 성실히 준비하고 꾸준히 이뤄 왔을 사람. 정답을 착실히 적어 내린 그가 몸담은 곳이 답안지에 적힌 대로 굴러갈 리 없는 어린이의 세계라는 사실이 아이러니하게 느껴진다.

학교에 배치되는 지원인력은 교사의 지시에 따라 교수학습 활동, 신변처리, 급식, 교내외 활동, 등하교 등 특수교육대상자의 교육 및 학교 활동에 대해 보조 역할을 담당한다.

— 「장애인 등에 대한 특수교육법 시행규칙」 제5조 제1항

오늘도 잘했다

나현진은 대학에서 특수체육교육학을 전공했다. 가르치는 일이 좋고 운동도 좋아해서 내린 선택이었으나, 배우면 배울수록 특수체육은 생소하기만 했다. 자신의 길이 아닌 것만 같았다.

"전공은 했지만, 특수체육 대상 학생들을 어떻게 가르쳐야 할지 잘 모르겠더라고요. 겁이 났던 거 같아요. 대하는 법도 모르고, 돌발 행동(도전적 행동)에 대처하는 법도 모르겠고."

특수체육이란 신체, 지능, 감각, 그리고 행동에 있어 장애를 겪는 사람들을 위해 고안된 체육 활동이다. 특수체육을 가르친다는 것은 개별 학생이 지닌 특성과 요구를 더 많이 고려해야 한다는 것인데, 당최 엄두가 나지 않았다. 학부 때 장애인 전국체전에서 봉사 활동을 한 경험이 있다고 했다. 하지절단 수영 선수들이 완주하는 모습은 감동적이었다. 눈물이

나더란다.

"그 모습을 보며 열심히 살아야겠다는 생각을 많이 했지만, 제가 특수체육 대상 학생들을 가르치는 일은 다른 문제로 느껴졌어요. 어렵고 두렵게만 다가오더라고요."

누군가 어려움을 무릅쓰고 성취를 이뤄 내는 장면은 감동을 주었지만, 동시에 감당할 수 없는 장벽을 느끼게도 한다. 졸업 후, 그가 택한 진로는 어린이집 교사였다. 안전한 선택을 했다고 믿었는데, 그곳에서 장애 아동을 만났다. 어린이집 원생으로 들어왔으니 피할 길이 없었다.

"물어봐도 알려 주는 사람이 없고. 사람들도 장애에 관해 잘 모르니까. '상동 행동(주로 자폐 아동에게서 관찰되는, 특별한 목적 없이 반복적으로 나타나는 행동)이 뭐지? 어떤 활동을 시켜 줘야 하지? 어떻게 소통하지?' 그게 시작이 되어 여러 방면에서 알아가게 된 거 같아요."

급한 마음에 책을 찾아보고 논문도 읽었다. 하나둘 공부를 하다 보니, 어느새 교육대학원에 입학해 있었다. 교육대학원에서 석사과정을 수료한 뒤, 그는 특수체육 교사가 되기로 한다. 방과후교실 강사로 지원했다.

"특수체육 강사가 부족하기도 하고, 장애 아동이 있어도 특수체육 과목을 운영하는 학교는 드물어요. 그러다 보니 장애 학생들의 수업은 실내에서 하는 제한적 활동으로 이뤄지는 경우가 많고요. 집에서라도 체육 같은 신체 활동을 하면 좋지만, 사실 부모님들은 돌보는 일만으로 지치죠."

장애가 있는 아동일수록 운동할 기회가 확연히 적지만, 몸을 움직이는 일은 누구에게나 중요하다.

"'몸 튼튼, 마음 튼튼', 이런 이야기를 많이 하잖아요. 몸을 움직여 활동할 때 느끼는 자신감이 있어요. 움직임이라는 건 인간의 욕구거든요. 움직임을 통해 자신을 발견하는 게 체육 활동이에요."

흘러내린 바지조차 추켜올리지 못할 정도로 팔 힘이 없는 학생도 만난다. 장애가 있기에 힘을 못 쓰는 게 당연하다고 여기는 사람이 많겠지만, 가르쳐 본 입장에선 아니란다. 단지 몸을 움직이는 활동 경험이 적어 근육의 힘을 키우지 못했을 뿐이다.

"학생들이 운동을 즐기게 해야죠. 운동이지만 노는 것처럼. 집중력이 아주 짧은 아이들도 있어요. 그러면 수업 중간중간에 포인트를 줘서 진행했어요. '저기 공이 온다! 발로 뻥 차 보자. 공으로 할 수 있는 게 뭐가 있지? 튕기는 게 있고, 던지는 게 있고, 잡는 게 있지. 뭘 해 볼까?' 이런 식으로요. 운동하다가 힘들어하면 '힘드니까 의자에 털썩 앉아 보자. 매트에 누워 보자. 누워서 다리를 들어 보자. 다리를 흔들어 보자. 이번에는 엎드려 볼까?' 그렇게 쓰지 않는 근육들을 움직여 주면서 아이들은 '오늘도 잘했다.' 하고 즐거워하는 거죠."

오늘도 잘했다. 학생들에게 자신이 '오늘도 잘했다'고 말할 수 있는 순간을 만들어 주는 것이 그의 일이다.

"'힘들지만 재미있었어요.' 이 이야기를 들을 때 가장 행복해요. 학생들이 즐거웠으면 좋겠어요. 혼자 바지를 올리는 일도 힘들어하던 학생이 스스로 허리춤을 올리고 운동하러 뛰어오는 모습을 보면 '정말 이 수업을 좋아하는구나. 지금 행복하구나.' 싶거든요."

하지만 나현진은 행복한 순간들을 떠나 이직했다. 아이들을 20년간 가르쳐 왔고, 지금은 특수교육실무사로 일하고 있다. 이전처럼 특수교육 대상 학생들을 가까이 접하지만, 자신이 직접 가르치진 않는다.[42]

"시간강사 제도로 일하다 보니, 어디에도 소속감이 없어요. 고용보험이라든가 사회보장제도 안에 들어가지도 못하죠. 그러다 보니 수입도 매달 불규칙하고. 저는 소속감을 느끼고 싶었어요."

소명 의식을 가지고 즐겁게 해 온 일이다. 하지만 그 일이 안정감을 주지 못한다면 지속할 수 없다. 특수교육실무사

---

[42] 특수교육실무사는 교수 학습 활동, 신변 처리, 급식, 교내외 활동, 등하교 등 특수교육 대상자의 교육 및 학교 활동을 지원한다. 2021년 기준에 따르면, 전국에 특수교육실무사는 9,940명이 있다.

는 경쟁률이 꽤 높았다. 열 명 남짓 뽑는데 지원자는 150명이었다. 긴장했을 것 같다는 내 반응에 그는 면접이 익숙하다고 답했다.

"시간강사는 항상 면접, 지원, 면접, 지원을 반복하니까요."

방과후 강사는 학기와 함께 계약이 끝난다. 그때마다 새로운 일자리를 찾아야 했다. 1년에 몇 번씩 취업 준비를 새로 했다. 그는 대학에서 특수체육 강의를 맡기도 했는데, 대학 시간강사의 현실도 마찬가지였다. 교육공무직인 특수교육실무사가 된 이후 그는 그토록 원하던 소속감을 얻게 되었다.

"2023년 서울시교육청 교육공무직 채용에 합격하여 ○○초로 발령받았습니다."

내일은 두 개 해 보자

"특수교육실무사의 주 업무 가운데 하나는, 특수교육 대상 학생들이 통합교육 교실에 계속 머무를 수 있도록 하는 거예요. 비장애인과 장애인이 함께 어울려 살아가는 사회가 되어야 한다면 학교에서부터 시작해야죠."

통합교육의 취지에 따라, 특수교육실무사는 교실 안에서

특수 아동의 곁을 지킨다.

"아이마다 기질이 다르잖아요. 비장애인 학생들도 마찬가지고요. 예를 들어 장애 아동이 갑자기 소리를 지르면 소리에 민감한 다른 아이의 집중을 흩트릴 수도 있어요. 그런 일이 발생하지 않도록 의지가 되는 사람이 옆에 있다는 사실을 특수교육 대상인 학생에게 주지시키는 거죠. 또 장애 아동이 수업을 지루해한다면 흥미를 끌 만한 다른 요소나 동기를 유발할 수 있는 무언가를 제공해요. 교실에서 학생이 소외되거나 도드라지지 않게 도와야 하니까요. 같이 색종이도 접어 보고 그림도 그리고. 체육 시간에 축구를 한다고 할 때, 장애 아동이 어울리기 쉽지 않다면 학생과 손 잡고 같이 뛴다든가. 이런 다른 활동으로 대체하죠."

담당하는 학생이 교실에 머무르며 어울릴 수 있도록 그는 아이들이 앉는 작은 의자에 함께 앉는다. 이때 주의해야 할 것이 있다. 특수교육실무사의 행동이 도드라지면 안 된다.

"교실에선 저를 축소해야 해요.. 왜냐하면 아이들 입장에선 한 교실에 어른 선생님이 두 명 있는 것이니까요."

장애 학생뿐 아니라 교실에 있는 모든 구성원을 염두에 두고 행동한다. 그의 일은 통합학급 교실 안에서만 이뤄지지 않는다. 특수학급에서 특수교사의 수업을 지원하는 일은 물론, 학생의 등하교도 지도하고 돕는다. 담당하는 학생은 한 명이지만, 다른 장애 학생들의 수업을 지원할 때도 많다. 미술 수업에도 들어가고, 과학실에 함께 가기도 한다. 그러다 보면 어떤 날은 하루에 네 차례나 체육 수업에 들어간다. 4교시 내내 학생과 뛴다. 아무리 체육을 좋아하더라도 그런 날엔 좀 지친다.

"갑자기 학생이 교실에서 막 뛰쳐나가는 경우가 있어요. 그러면 저도, 담임선생님도 깜짝 놀라죠. 그런 일이 있으면, 담임선생님이 '고생이 많으십니다.' 하는데 저야 그냥 웃죠. 괜찮습니다. 힘듦을 학교에서 알아주고 인정해 주니까요. 또 이 학교 선생님들은 장애 학생들의 돌발 행동을 자주 접해서인지 많이 이해해 주시는 거 같더라고요."

이해받을 때 존재하는 일이 가능하고, 이해의 폭은 함께한 시간에 따라 달라진다. 그건 학생도, 교사도 마찬가지다.

"장애에 대한 인식이 많이 개선되었다고 하지만, 머리로 아는 것과 직접 만나 보는 것은 전혀 다르거든요."

특수교육실무사라는 직업의 전문성은 장애 아동을 만나 온 경험을 기반으로 한다.

"저는 학생들에게 계속 질문해요. 의견도 자주 물어보고. '우유 먹고 싶어요?' 그렇다고 하면 '먹고 싶다고 이야기해 볼까요?' 또 먼저 보여 주기도 하죠. '담임선생님 계시네. 같이 가서 인사해 볼까?' 하고 제가 먼저 가서 인사하는 식으로요.

그걸 보고 아이들이 따라 하는 거죠. 우리 일이 힘든 이유 중 하나가 반복이에요. 좀 느린 학생도 있고, 다양한 학생이 있기 때문에 더 자주 말하고 여러 번 반복해 주어야 하거든요. 보통 학생들이 열 번을 말해야 인지한다고 하면, 여기서는 100번도 하고 200번도 한다는 마음을 먹어야 해요. 그래도 잘 따라와요. 잘했다, 잘했다 하면 아이들도 정말 달라지고 발전해요. 그런 모습을 보면 굉장히 뿌듯하고. '오늘 하나 했구나.' 기뻐하면서 '그럼 내일은 두 개 해 보자.' 그렇게 한 걸음씩 나아가는 거죠."

점차 커 가는 아이들을 보는 일이 뿌듯하다. 자신이 학교에 존재해야 하는 필요를 아이들이 알려 준다. 그는 필요한 사람이 되고 싶었다. 그래서 준비하고 노력했다. 그의 다채로운 직업 이력과 수많은 자격증이 말해 주는 사실이다. 장애 아동을 알고 싶어 공부하다 보니 어느새 전혀 다른 영역인 실버 교육 자격증까지 취득하게 됐고, 특수체육 관련 강의를 하다 보니 어느 틈엔가 청소년 직업 체험 학교에서 강의하고 있더라고 했다. 이 모든 것의 시작에는, 그가 잘 모른다고 여기고 가르칠 자신도 없었던 장애 아동들이 있었다.

"학생들이 자꾸 저를 가르치네요."

학생들이 가르치기 때문에 그는 배운다. 하나하나 찾아다니며 알게 된 것, 아이들과 수업하며 깨닫게 된 즐거움을 이

젠 다른 누군가에게 전하고 싶다. 그의 바람 가운데 하나는 장애 학생과의 경험을 기록해 책으로 만드는 일이다.

 계속 공부하고 시도하는 지금의 나현진을 보면, 낯설고 두려워 이 길을 택하지 않았다던 그의 젊은 시절이 상상조차 가지 않는다. 지금은 어떤 마음으로 이 일에 임하느냐고 묻자 그는 간명하게 답한다.

 "그저 아이들이 즐거웠으면 좋겠어요."

 함께 즐거운 순간들을 만들면 좋겠다. 그 마음이 전부다. 다만 마음이 깊을 뿐이다. 타인에게 관심이 없는 학생도, 알아차리는 일이 더딘 학생도, 표현이 서툰 학생도 타인이 자신을 좋아한다는 사실만은 바로 안다고 했다.

 "눈빛만 봐도 알아요. 이 사람이 나를 좋아하는지 아닌지. 저는 아이들에게 항상 반복적으로 말해요. 사랑하는 누구야. 늘 이름으로 불러 줘요. 마음이 전해지면 아이들도 표현해요. 한 날은 주변에 전혀 관심이 없던 아이가 멀리서 저를 보더니 달려와서 폭 안기더라고요. 부모님도 옆에 계시는데. 뭉클했죠. 나랑 보내는 이 시간이 얼마나 즐거운지, 아이들은 다 표현해요. 그 눈빛에 제가 매력을 느끼는 듯해요. 그래서 계속하는 거 같아요."

 이토록 매력적인 일이라 오래도록 이 일을 한다.

특수교육실무사 - 나현진

몸을 움직이는 일에 재주가 없어요. 장애와 같은 이유가 아니더라도 뛰어노는 일에 자신이 없는 아이들에게 체육 활동을 잘하는 비결을 알려 주세요.

　　인간은 몸을 움직이지 않고는 살아갈 수가 없기 때문에 건강을 위해서도 체육 활동은 매우 중요합니다. 동기부여가 가장 중요한 것 같아요. 어떤 체육 활동을 했을 때 재미있었는지, 또는 어떤 운동을 보고 잘하고 싶은 마음이 생겼는지, 그 시작점을 찾는 것이 중요하다고 생각합니다. 다양한 운동 경험을 통하여 좋아하는 활동을 찾아보는 여가 경험이 중요합니다. 좋아하는 운동을 찾고 꾸준히 하다 보면 어느새 달라지고 성장한 자신을 발견하게 됩니다. 처음부터 잘하는 건 거의 없을 거예요. 작은 것이 모여 큰 것을 이룰 수가 있어요. 격렬한 줌바, 배드민턴 같은 운동을 좋아하는 저 같은 사람도 있지만 조용한 요가나 필라테스를 좋아하는 사람도 있지요. 자신이 좋아하는 운동이나 활동을 찾아가는 여정이 우선 필요한 것 같아요.

특수체육교사, 특수교육실무사, 특수교육교사 또는 이들을 보조하는 교내 사회복무요원, 누구든지 특수교육 대상 학생을 대하는 데 있어 어떤 태도가 필요한지 이야기해 주세요.

가장 중요한 태도는 기다림이라고 생각합니다. 지도하는 교사, 실무사들이 학생보다 앞서가면 지시밖에 나오지 않습니다. 학생들이 동기 유발이 될 수 있도록 기다려 주어야 합니다. 동기는 교실 안 또래 친구의 말과 행동, 좋아하는 그림과 책 등 다양한 곳에서 발현될 수 있습니다. 그렇기 때문에 특수교육 대상 학생이 스스로 할 수 있도록 시간과 기회를 제공하는 것이 중요합니다. 특수교육 대상 학생들이 할 수 있도록 기다려 주고, 통합교육에 따라 "그려 보자, 오려 보자, 해 보자"며 권유하는 태도로 지원해 주어야 합니다. 또 하려고 애써도 잘 안 되는 경우, 마지막에 도와달라고 도움을 요청할 수 있도록 합니다.

특수교육실무사 - 나현진

선생님의 꿈은 무엇인가요?

인간은 멀티 페르소나예요. 저 또한 그렇고요. 제 꿈은 제가 좋아하는 일을 하는 것과 저를 필요로 하는 곳에 쓰이는 거예요. 요즘은 좋아하는 운동인 배드민턴 대회에 참가하려고 연습하고 있고, 글을 쓰고 있어요. 최근 단편소설을 썼고, 『궤도를 이탈했습니다』라는 제목의 공동 저서를 출간했어요. 저를 필요로 하는 곳에 쓰이고 싶습니다. 수업, 지원, 봉사 등 어떤 형태로든 좋습니다. 제 꿈을 위해 지금도 계속 운동하고 공부하고 있습니다.

좋은 일
하시네요

학교에서 만난 사람들은 자신을 '학생의 안전을 지키는 사람'으로 인식했다. 학교보안관이야 말할 것 없고, 시설 보수마저 안전사고와 직결된 문제였다. 안전은 물리적인 위험을 줄인다고 해결되는 일도 아니다. 식중독과는 거리가 먼 위생적인 급식을 만들기 위해 수챗구멍 속 밥알 하나마저 손으로 긁어낸다는 조리실무사들의 이야기를 들었다. 미세먼지 농도에 따라 알림을 하는 교무실무사도 있다.

내가 만난 대다수 학교 노동자들은 학교에 온 이후 '내가 아이들의 안전을 책임지고 있구나' 하는 생각을 하게 되었다고 했다. 실제로 그들의 업무에서 많은 부분이 '안전'과 직결되어 있다. 그 책임감이 이들의 자부심이기도 했다.

2014년 이래로 '안전'은 절대적 명제가 되었다. '안전한 학교'는 누구도 건드릴 수 없는 목표가 되었다. 안전 교육을 위해 외부 강사가 오고,[43] 교무실무사는 '안전을 위해' 강사들을 신원 조회 하며, 경비

---

[43] 2014년 교육부가 안전 교육에 관한 고시를 발표한 이후로, 학교 안전 7대 영역에 해당하는 교육(교통, 재난, 생활 안전, 폭력 예방 및 사이버 중독 예방 교육 등)이 연간 51시간 실시되고 있다.

돌보다, 고치다, 지키다

노동자는 방문객의 신분증을 확인한다. 학교의 교문 한쪽은 늘 닫혀 있다. '외부인'이 들어올 수 없도록. 지킬 수 없는 문은 닫아 두는 것이다. 학생이 500명이 조금 넘는 학교 곳곳에 서른 개의 CCTV가 설치되어 학생들의 일거수일투족을 지켜본다. 그럼에도 더 많은 감시카메라를 설치할 것을 요구받는다.

위험 요소를 통제하고 제거하여 안전을 확보하려 한다. 언젠가부터 한 아이가 자라는 데 있어 해가 될 요소를 치우는 것이 '안전하게' 키워 내는 방식이라는 믿음이 생겨났다. 방해 요소는 안전사고나 식중독에 한정되지 않는다. 그 자리에 인간이 들어오면 '폭력'이라 이름이 붙는다. 학생들의 생활교육을 포괄적으로 다루던 생활교육부는 어느새 '학교폭력 전담 부서'가 된 지 오래라는 교육 현장의 토로가 들려 온다. 학생 역시 폭력을 유발할 수 있기에 통제하고 예방하며 때로 제거해야 하는 대상으로 여겨진다.

오늘날의 학교를 떠올리면, 텃밭이 겹쳐 보인다. 둘 다 기르고 자라는 공간이라는 공통점이 있다. 텃밭 농사에 있어 필수 과정 중 하나는 잡초를 뽑는 일이다. 기르고자 하는 하나의 작물을 키워 내기 위해 주변의 풀들을 제거해야 한다. 이때 흔히 사용하는 것이 제초제다. 작물을 기르기 위해서는 주변의 방해·위험 요소를 없애고 차단해야 한다는 생각은, 땅에 뿌리를 내리고 자라나는 다른 수십 종의 풀을 '잡초'로 보게끔 한다. 작물이라고 불리는 풀은 다른 풀들과 경합하면서 공존하는 경험을 하지 못한다. 그저 경작하는 이가 주는 비료의 힘에 기대어 열매를 맺는다.

학교가 지금 위험을 막는다며 뽑아내는 존재에 '잡초'라 불리는 풀이 있는 것은 아닌지 염려될 때가 있다. 서로 다른 존재와 갈등을 조정하고 협력하는 법을 배우기도 전에 학교가 먼저 제초를 하는 건 아닌지. 이런 염려조차 학교가 특정 열매의 수확을 기다리는 곳이 아니라, 다양한 풀이 어울려 자라는 곳이라는 믿음이 있기에 가능하다. 그 믿음 때문에 우리는 뿌리 뽑힐 것을 두려워하지 않고 학교에 간다.

더 좋은 사람들이 평등하게

새로운 직업을 찾아야 할 것 같다는 지인과 이야기를 나누다가, 이런 말을 했다.
"학교에는 좋은 사람이 많이 가야 하는 것 같아."

돌보다, 고치다, 지키다

한창 『돌보다, 고치다, 지키다』 작업을 하던 때였다. 학교에 수많은 직종이 있다는 걸 아는 동시에 그중 상당수 직종이 차별적 대우를 받는다는 것을 알게 된 시기였다. 그런데도 나는 그에게 학교로 가는 건 어떻겠냐고 제안을 했다. 이유는 하나였다. 학교에 좋은 사람들이 많아져야 한다는 생각이었다. 학교는 가르치고 배우는 걸 넘어, 모두가 끊임없이 실패하는 곳이니까. 잘 실패하려면 주변에 좋은 사람들이 많아야 했다.

그 시절, 나와 내 또래들은 학교 안에서 매일 실패했다. 친구 관계는 둘도 없이 끈끈했다가 폭력적일 만큼 냉랭해지고, 집단 속에서 인정받고 싶다가도 고유한 개별적 존재가 될 수 없어 울적했다. 학교에서 배우는 것도 혼란스러웠다. 학교는 공동체와 평등을 가르치지만, 동시에 편견과 위계도 가르쳤다. 적절한 수용과 판단이 필요했다. 그것을 판단하는 일은 늘 어려웠다. 판단 내리기 어려운 일을 시도하고, 연습하고, 실행해야 했다. 그러면서 그 안에서 나에게 맞는 '나'를 찾아 갔다.

그럼에도 계속 실패하고 새로운 시도를 할 수 있었던 것은, 학교라는 길에 나 혼자 있지 않다는 감각 때문이었다. 안전은 돌부리를 모두 치워 놓은 평평한 길이 아니라, 어떤 길이건 함께 가 줄 사람들이 있을 때 만들어진다. 상처 하나 없이 살아갈 순 없지만, 그 상처에 연고를 발라 줄 사람은 있어야 한다. 학교에 그런 이들이 더 많이 있어야 하는 게 아닐까.

그러니 학교에는 "좋은 일 하시네요."라는 인사를 듣는 사람이 더 많아져야 한다. 학생들에게 너는 뽑아 버리면 그만인 잡초가 아니라고, "단 한 사람이 필요한" 또 다른 한 사람일 뿐이라고 말해 줄 수 있는 사람이 필요하다. 그런 사람들이 학교 복지실, 상담실, 양호실에 있어야 한다. "세상에 미운 색은 없다"고 말하는 사람이 과학실, 급식실에, 그리고 교실마다 있어야 한다. 시끄럽고 산만하기만 한 것 같은 특수교육 대상 학생이 방해가 되는 잡초가 아니라, 같이 익히고 자라나야 하는 풀과 나무라고, 함께 수업을 듣다 보면 들꽃을 피우는 걸 볼 수 있을 거라고 말해 주는 사람이 학교 어디에나 있어야 한다. '안녕'한 상태가 지속될 수 있을 때, 우리는 이 공간을 안전하다고 믿는다. 신체적, 정신적, 정서적, 그 어떤 영역에서도 '안녕'하려면, 우리는 서로의 안부를 물어 주어야 한다. 학생들에게 안녕을 물어봐 주는 사람이 필요하다. 그러니 학교에는 좋은 사람이 가야 한다.

좋은 사람들이 학교에 가려면 그들 자신도 '안전'하

다고 느껴야 한다. 하지만 학교 급식실에서는 폐에 흰 가스가 차고, 시설 안전을 책임지는 사람은 재계약의 부담에 쫓겨 높은 나무에서 떨어진다. 독한 세정 약품이 작업용 토시 사이로 흘러 들어가 화상을 입는다. 일하는 이들에게 학교는 그리 안전한 곳이 아니다. 학교 구성원들의 '안녕'을 물어야 할 때다. 다양한 풀과 어우러져 지낼 때 안녕할 수 있는 것은 학생들만이 아니다. 학교에서 일하는 사람들에게도 '다양한' 존중이 필요하다. 교육은 교실 안팎을 가리지 않고, "평등한 일터에서 평등한 교육이 가능하니까".

촬영 후기

셔터를 누르며 되살아난 마음들

　인터뷰이들은 대체로 카메라를 낯설어했다. 자연스러운 사진을 찍으려면 어색한 분위기 먼저 풀어야 했다. 일하는 모습을 사진으로 남겨 놓으면 좋지 않느냐고, 언제 또 사진 모델이 되어 보겠느냐고 넉살을 부리기도 했다. 하지만 이제 와서 고백하자면, 『돌보다, 고치다, 지키다』 촬영은 내게 더 소중한 경험이었다.

　학교에서 일하는 노동자들을 만나면서 어린 시절의 경험들이 새롭게 보였다. 집에서 먹어 본 적 없었던, 코다리무침의 맛을 알게 된 장소는 바로 급식실이었다. 초등학생 시절 컴퓨터를 배웠던 방과후수업도 떠올랐다. 컴퓨터 자격증을 따기 위해 열심히 들었던 수업 덕분에 아직도 컴퓨터로 이것저것 만드는 일을 즐기고 있다.

　심지어 내 인생 최초의 인터뷰에도 학교 노동자가 있었다. 주변 어른을 인터뷰하라는 숙제 때문이었다. 누구를 인터뷰할까 고민하다가, 복도에서 늘 마주치던 청소 노동자 '할아버지'께 찾아갔다. 성함과 나이, 학교에서 일하면서 좋은 점 등을 여쭤보고서 인터뷰를 마치려는데, 할아버지가 대뜸 되물어보셨다. 애로 사항은 묻지 않느냐고.

초등학생이었던 나는 '애로 사항'이라는 말을 그때 처음 들어 보았다. 항상 웃어 주던 분이었지만, 그 역시 노동자였다. 모든 일에는 나름의 어려움이 따른다는 점을 어설프게나마 처음 배웠던 계기 아닌가 싶다. 아마 그래서 지금까지 기억에 남아 있는가 보다.

모두 한동안 잊고 있었던 오래된 기억이다. 학교에서 일하는 사람들이 지금의 나에게 남긴 옅은 자국이랄까. 사진을 찍는 동안 이런 흔적들을 새삼 되짚어 볼 수 있었다. 그래서 마주치게 되는 진심들이 더 귀하게 여겨졌다.

학생들과 함께 만들어 달아 놓은 가랜드(끈에 무언가를 달아 벽에 장식하는 물건), 하나하나 잘라 코팅해 붙여 놓은 장식 들이 교실마다 눈에 띄었다. 아이들과 함께 정성껏 가꾼 일터에서 업무분장표에는 붙잡히지 않을 마음이 엿보였다. 학생들과 학교를 위해 얼마나 고민하고 노력하는지를 말할 때마다 인터뷰이들의 눈은 자긍심으로 반짝였다. 그런 순간이면 셔터를 누를 수밖에 없었다. 나 역시 이런 마음들에 기대어 자랐음을 느꼈다.

촬영 후기

동시에 비정규직 노동자로 일해 왔던 내 모습이 겹쳐 보이던 순간들도 있었다. 자기 일이 아이들과 스스로에게 어떤 의미인지를 힘주어 말할 때는 특히 그랬다. 일의 의미를 찾아 나서고, 최선을 다해 그 의미를 나누려 하는 모습에서 경외감을 느끼면서도, 한편으로는 그들이 그만한 존중을 받고 있는지 묻지 않을 수 없었다. 내가 하는 일에 나름의 의미가 있다고 믿으면서도 세상이 인정해 주지 않아 괜스레 작아지던 시간들이 떠올랐다. 자기 일을 긍정하기 위해서는 자신의 인정도 중요하지만, 타인의 인정 또한 필요하다. 학교에서 일하는 사람들 역시 자신이 정의한 일의 의미를 온전히 인정받을 수 있기를, 동료 노동자로서 바라게 됐다.

　학교는 처음 사회를 배우는 곳이다. 그런 학교가 모든 노동이 존중받는 곳이 되기를 바란다. 이 책 속의 사진들이 학교에서 일하는 사람들의 존재를 더 잘 드러내고, 더 깊이 존중할 수 있도록 만드는 데 조금이나마 기여했기를 바란다.

2025년 9월

김희지

북트리거 일반 도서

북트리거 청소년 도서

돌보다, 고치다, 지키다
학교를 지탱하는 노동의 흔적

1판 1쇄 발행일 2025년 10월 15일

글 희정 | 사진 김희지
펴낸이 권준구 | 펴낸곳 (주)지학사
편집장 김지영 | 편집 공승현 명준성 원동민
책임편집 원동민 | 디자인 정은경디자인
마케팅 송성만 손정빈 윤술옥 이채영 | 제작 김현정 이진형 강석준 오지형
등록 2017년 2월 9일(제2017-000034호) | 주소 서울시 마포구 신촌로6길 5
전화 02.330.5265 | 팩스 02.3141.4488 | 이메일 booktrigger@naver.com
홈페이지 www.jihak.co.kr/book-trigger | 블로그 blog.naver.com/booktrigger
페이스북 www.facebook.com/booktrigger | 인스타그램 @booktrigger

ISBN 979-11-93378-62-5 03330

* 책값은 뒤표지에 표기되어 있습니다.
* 잘못된 책은 구입하신 곳에서 바꿔 드립니다.
* 이 책의 전부 또는 일부 내용을 재사용하려면 반드시 저작권자의 사전 동의를 받아야 합니다.

북트리거

트리거(trigger)는 '방아쇠, 계기, 유인, 자극'을 뜻합니다.
북트리거는 나와 사물, 이웃과 세상을 바라보는 시선에 신선한 자극을 주는 책을 펴냅니다.